朝鮮的困境

在日清之間追求獨立自主的歷史

世界のなかの日清韓関係史

交隣と屬國、自主と獨立

岡本隆司——著　陳彥含——譯

目錄

序——某首相之死……5
第一章 宗屬關係……13
一 朝鮮王朝的對外關係……14
二 倭亂……19
三 胡亂……27
四 華夷變態……38
第二章 「屬國自主」的形成……53
一 西力東漸……54
二 朝鮮締結條約……70
三 一八八二年……85

第三章 「屬國自主」的發展……99
一 朝鮮追求自主……100
二 清朝追求「屬國」……119
三 保護朝鮮的趨勢……136
第四章 獨立自主……151
一 日清開戰……152
二 「甲午更張」與俄館播遷……173
三 大韓帝國……188
四 一九〇〇年……202
後記……215
參考文獻……221
朝鮮王朝年表……227

序——某首相之死

說到青瓦臺，就會想到韓國總統府，總統府南邊緊鄰景福宮，也就是朝鮮王朝故宮。此地為觀光熱門景點。宮殿正門的光化門於韓戰燒毀，朴正熙執政期間重建門樓，目前正在修復，移回最初的位置。[1]

西元一八九六年二月十一日，距今約一百一十年前，時任首相金弘集在光化門外，遭聚集群眾殺害，享年五十五歲。首相遇害相當嚴重，眾多書籍皆有記載，然而目前卻無任何專

1〔譯註〕：光化門已修復完成，於二〇一〇年八月十五日重新開放。

光化門

金弘集

文探討，僅把此事件當作該時期的一段插曲。

回顧歷史，首相遇害從古至今不勝枚舉。日本人會感到奇怪，也許是因為日本過去鮮少發生此類事件。但即便如此，日本也曾發生原敬[2]、犬養毅[3]等人遇刺事件。若再加上內閣閣員或曾任首相的人物，數量又更多了。日本都已如此，更何況是當年政局不穩、歷代政爭不斷的朝鮮王朝。由於此類事件在韓國史上屢見不鮮，因此金弘集之遇害未受重視，也不令人意外。

然而，金弘集並非突然遇刺，而是遭群眾虐殺。金弘集也知道自己將被殺害，在表示「為了朝鮮人而遇害是天命」之後，從容赴死。筆者認為此事件之經過前所未聞。雖不敢斷定史上絕無僅有，但也屈指可數。由此可窺見當時朝鮮政局的詭譎。

日清戰爭（又稱甲午戰爭）後，金弘集獲日本支持，重新組閣，著手進行現代化政治改革。但政策其中一環是王室與政府職權分離，國王和王妃不參政，引起王室大力反彈。西元一八九五年十月，日本人在景福宮殺害閔妃，授意金弘集收拾善後，此舉使他完全失去朝鮮高宗的支持。

此外，政府頒布斷髮令，要求人民剪除髮髻，重視傳統習俗的保守派本土士紳，也表達強烈反對。新年過後，殺害朝鮮國母的惡行激怒民眾，反日情緒愈演愈烈，民眾也對金弘集政府愈發不滿。

社會氛圍一觸即發，閔妃遇害後，高宗感到危機四伏，便與遠離政治中心

2〔編註〕：原敬（1856-1921），日本政治家、第十九任日本首相，歷任遞相、內相、內閣總理大臣。打破薩長藩閥政治，成功組織日本第一次的政黨內閣，但在任內遇刺身亡。

3〔編註〕：犬養毅（1855-1932），日本政治家、第二十九任日本內閣總理大臣。立憲政友會第六任總裁。於一九三二年「五一五事件」中遇刺身亡。

的親俄派官員聯手。他們隨即逃出景福宮，前去俄國大使館避難，組成新政府。新政府宣布金弘集舊政權的重要人士有罪，下令逮捕。

於是，以政變推翻政權成為事實。朝鮮全國上下，不論官民皆反對金弘集，他在絕望之餘，從容步上黃泉。

❖金弘集的生涯

由此看來，金弘集是因為支持日本侵略朝鮮，才害自己落得慘死下場。此種看法並無錯誤，但僅以此事斷定事情全貌，也就忽略了當時朝鮮國內外政治情勢的複雜詭譎。

金弘集本籍慶州，號道園、以政學齋。西元一八六八年，金弘集二十七歲時文科及第入仕。說也奇怪，在這一年，朝鮮與經歷明治維新的日本，正巧因文書格式等問題而爭執不下。此外，僅兩年前，朝鮮才剛發生天主教鎮壓事件、法國艦隊侵犯朝鮮，以及舍門將軍號（General Sherman）事件。金弘集初入政壇，朝鮮便不得不面對西方國家，乘著國際政治的怒濤航行，進入多事之秋。

自此之後，仕途平穩的金弘集面臨人生第一個轉捩點。西元一八七六年，朝鮮與日本進行《江華條約》之談判。

條約雖已簽訂，但貿易項目與稅率等具體實施細項，朝鮮卻與日本意見不合，因此繼續交涉。西元一八八〇年，朝鮮指派金弘集為第二次修信使，前往日本。東亞政治情勢在一八八〇年代開始變化，揭開其序幕者，就是金弘集。

此時，清朝已在日本設立駐外使館，第一任駐日公使為何如璋。金弘集前去位於東京芝區的清朝駐日使館，拜訪何如璋。他們不僅討論朝鮮與日本的談判，金弘集也向何如璋討教，朝鮮今後應採取何種對外方針，他還獲得何如璋屬下黃遵憲所撰寫的小冊子《朝鮮策略》。《朝鮮策略》建議朝鮮與美國簽訂條約，並與清朝保持密切關係。此書為朝鮮與西方列強訂定條約的契機，因此相當知名。

金弘集此後被視為對外談判專家，常被委以外交談判重任。西元一八八一年，他出任經理總理機務衙門事，到了西元一八八二年，不僅歷任戶曹參判、工曹參判、機務處堂上，還被任命為與美國、英國、德國簽訂條約的議約副官，事實上已全權代表朝鮮。之後他與清朝的馬建忠[4]緊密合作，成功簽署條約。

西元一八八二年夏季，壬午軍亂爆發，他在日本與清朝間來回奔走，遵照馬建忠指示，處理陷入膠著的對日談判，之後朝鮮與日本締結《濟物浦條約》。隨後，他又立即被派往北京，參與善後決策。在這段時間，負責朝鮮政策的馬建忠對他信賴有加，讚他「聰明又識時務」、「不愧是朝鮮的一號人物」。

❖ 親清？親日？

這麼說來，比起日本，金弘集當初似乎反而與清朝較為親近。

西元一八八四年底，金玉均等人利用日本勢力發動政變奪權。金弘集未參與甲申政變，但在隔年的外交談判中，面對日本全權代表外務卿井上馨，卻一步也不退讓，讓井上相當苦惱。

回顧金弘集之經歷，他絕非支持日本侵略朝鮮的「親日派」。反之，他傾向與清朝合作，對抗日本，並壓制與日本結盟的國內勢力。他的品格、見識與手腕，獲得清朝高度讚揚。因此，應該將他歸為親清派。

西元一八八〇年代後期，朝鮮朝廷決定與清朝拉開距離，金弘集也被降職到閒差。自此約十年後，他被蒙上「親日派」污名，遭到殺害。這些年間，究竟發生了什麼事？

日本在日清戰爭中戰勝清朝，金弘集得到日本支持，成為內閣之首。說穿了，就是他選擇靠向另一邊。雖說這麼做也沒錯，但真正的原因到底是什麼呢？他非死不可的原因又是為何？

首相慘死，外國的駐外使館內還有一國宮廷與政府。此種不尋常的事態，究竟會帶來何種後果？這已不是金弘集個人的問題，也不是朝鮮本國的問題。我們應該從東亞歷史的發展進程，尋找問題的答案。

4〔編註〕：馬建忠（1845-1900），清末洋務派重要官員、維新思想家、外交家、語言學家。

第一章
宗屬關係

一、朝鮮王朝的對外關係

❖中原與朝鮮

西元一三九二年，朝鮮太祖李成桂推翻高麗，建立朝鮮王朝。自建國起，朝鮮王朝便與中國明朝關係密切。國號「朝鮮」並非自行隨意命名，自古以來歷史悠久的「朝鮮」國號，是由明朝恩賜。明朝自有一套世界觀與世界秩序，朝鮮也相當認同。

學界對於明朝認定的世界秩序，有多種稱呼方式。每種命名都有其道理，實在難以選擇。筆者決定採用「宗藩關係」，不但忠實於史料用語，也能避免無謂的混淆與誤解。明朝以儒家思想中朱子學「華夷內外」與「大義名分」思想為前提，根據「禮制」的秩序體系，確立自身與周邊國家的關係。

容我解釋，明朝皇帝是天定負責支配天下、統治世界中心「中原」的天子。中原周邊各國，也應遵循天命，臣服明朝皇帝。周邊諸國領導者，都得向天子進貢當地物產，便是此種關係的證據。皇帝在收到進貢物品後，不僅會給予大量賞賜，還會認可該國君主。

周邊國家的進貢行為稱為「朝貢」，明朝方面則是「冊封」。因此，此種關係稱為「冊封體制」或是「朝貢制度」。

西元十四世紀時，日本也曾對中原朝貢，接受冊封。明朝皇帝將室町幕府第三任將軍足利義滿封為「日本國王」，允許雙方進行「勘合貿易」[1]，便屬於此體系。由此可知，即便周邊國家臣事明朝，明朝也不見得對周邊國家內部具實質支配或影響力。

以日本的狀況而言，主要是想與中國進行貿易。從屬與朝貢不過是為了達到此目的。若不這麼做，雙方就無法貿易往來。當然，此狀況不僅限於日本，多數周邊國家皆是如此。

其中，唯一的例外是朝鮮。日本與其他國家對於朱子學「禮制」秩序不感興趣、不瞭解，也不關心，但這卻是朝鮮王朝的國家意識型態。

朝鮮由衷相信明朝的世界觀，接受明朝構想的世界秩序，並將明朝視為等

1〔編註〕：又稱「明日貿易」，是指明朝與日本兩國之間所實行的商業交易活動。「明日貿易」因為須要使用到被稱為「勘合符」的許可證，所以又被稱為「勘合貿易」。

同於君主的宗主國，自甘為臣，也就是藩屬國，因此稱為「宗藩關係」，但還有更多人將此稱為「事大關係」。「事大」的意思是「以小事大」，「大」代表「大國」，也就是中原王朝，或可說是「中央上國」。藩屬國應以君臣父子之禮事奉宗主國明朝。本書將以朝鮮的角度，採用「事大關係」此術語。

❖事大與交鄰

朝鮮與明朝之間的宗藩關係，是朝鮮對外關係的基礎，但並非其全貌。日本列島、琉球群島在南方與朝鮮隔海相望，北方過了鴨綠江，則是現在中國的遼寧與吉林二省。

從歷史地圖來看，在明朝全盛時期的明成祖時代，幾乎將此地全部納入版圖。然而，隨著明朝勢力減弱，其領土最多也只到遼東半島一帶，明朝與朝鮮國土在鴨綠江河口處接壤。

兩國間廣大的鄰接區域，是人口稀少的森林，女真人等通古斯民族[2]居於此地。因此，當時朝鮮與南方的日本、琉球，以及北方的女真為鄰。

朝鮮對鄰國的態度，更是特殊。毗鄰而居，不可能不相往來，因此保持良好關係，稱為「交鄰關係」。如字面所述，意思是「與鄰國交好」，但其中態度的細微差異，就冷暖自知了。

朝鮮與明朝同樣奉行朱子學，朝鮮的信仰程度甚至超越明朝，相當重視「華夷」分別與名分。因此，在中原的明朝面前，朝鮮當然只是「東夷」。

然而，朝鮮仰慕中原，也想成為另一個中華，因此以中華分部自居，自稱為東方禮義之國、東華或小華，也就是「小中華」。由此觀點與標準看來，周邊的日本、琉球、女真都只是夷狄與化外之地。

所以，朝鮮不可能和明朝一樣，與鄰國形成宗藩關係。而明朝則認為，這些國家都是藩屬，與朝鮮無異。因此在表面上，朝鮮與鄰國只能是對等的交際關係。這稱為「敵禮」或「抗禮」，「敵」和「抗」都是「對等」的意思。

然而，交鄰關係只是表象。朝鮮內心仍然視日本、琉球、女真為夷狄，將他們當作禽獸看待。交鄰關係並不像宗藩關係那般具有冊封、朝貢等固定形式。

2〔編註〕：指所有使用阿爾泰語系中滿—通古斯語族的民族。

朝鮮的對外政策以事大與交鄰關係組成，但兩者不一定相關。事大僅用於明朝，只此而已；同樣的，以朝鮮對日本的交鄰政策為例，也僅限於朝鮮與日本之間。因此，當事國以外的國家，會覺得此種關係難以理解，但其實也不需瞭解。

舉例而言，日本若想全盤理解明朝與朝鮮的關係，別說當時，就以現在看來，也不是件輕鬆的事。反之，若中國想瞭解朝鮮與日本的關係，也很困難。只有朝鮮才會因時制宜，與各方協調，並對雙方關係賦予意義。他們透過此種方式，建立起自己獨特的世界觀與秩序。因此，其觀點與日本或中國的角度並不吻合。換句話說，並沒有一套可共同規範東亞各國、類似近現代國際法的觀念或制度。

然而，朝鮮的對外關係，不可能永遠維持現狀。西元十六世紀，大航海時代來臨，其觸角深入東方各國，也對朝鮮的對外關係造成重要影響。

二、倭亂

❖ 日本與世界史及東亞史

日本列島分布在歐亞大陸東方的角落。再往東走，是一片廣闊的海洋。日本可說是位於最東邊的世界盡頭。

古代中國人認為，日本位在東方海上，分為好幾個領國，是一片紛紛擾擾的土地。西元七世紀初，約在隋唐時代，終於有了「日出處天子」的稱呼，用以代表日本。當時雖已有遣隋、遣唐使，但日本並未引起注意。

約在西元十三世紀末，日本首度吸引世界各國的目光，因為蒙元帝國征討日本，卻以失敗告終。當時，蒙古的支配與影響力幾乎遍及全歐亞大陸，只有歐亞大陸最西方的歐洲以及最東方的日本，不在其版圖之內。

此一史實顯示出蒙古武力無法企及如此遙遠的境地，但若再想遠一點，意義卻相當重大：近代擁有資本主義社會的國家，僅在東西兩邊的盡頭，這就是歐亞大陸多數國家，與日本、歐洲的相異之處。

日本自此之後，正式成為中國大陸與朝鮮半島的對手，中國與朝鮮也明顯意識到日本的存在。明太祖宣布日本為「不征之國」[3]之一，也擔心日本通謀明朝叛臣，這些歷史眾所皆知。此外，朝鮮王朝建國，也與倭寇脫不了關係。

因此，在西方眼中，日本絕非善類。簡言之，他們所瞭解的日本，就是倭寇，是海洋彼岸的暴力威脅。在實際觀察、研究日本社會後，這些國家一定也認為日本以武人為首，橫行一方，毫不遵循聖賢之道。在負責記錄、識字的讀書人眼中，更是如此。

無法以儒家思想與理論規範日本人，也搞不清楚這些人在做什麼，以中原王朝與朝鮮王朝的角度來看，日本實在是令人不悅、無法理解的民族。時至今日，許多中國、南韓與北韓民眾，或許仍保有此類觀點。

日本著名漢學家內藤湖南曾說：「要瞭解日本，只須知道『應仁之亂』[4]之後的事就夠了，之前的事都不重要。」若不討論日本史，而是以世界史的脈絡來看，這個見解非常有道理。因為自此時起，日本登上亞洲舞臺，並開始能左右世界史的動向。

時間來到西元十六世紀，進入發現新大陸、西力東漸的大航海時代。此時，白銀產量急劇增長，銷往全世界。自那時起，歷經社會變革與經濟發展後，中國社會更加活躍。蘊藏大量貴金屬的日本列島，透過開挖礦山與生產金礦、銀礦，一躍成為中國主要貿易對手，勢力急速擴大。

這也導致日本戰國群雄爭霸，之後由織田信長、豐臣秀吉統一天下。從群雄割據走向統一，日本國內財富增多，武力增強，開始向外湧出，向東海擴張，也就是所謂的「後期倭寇」。

西元十六世紀末，倭寇等海盜行為漸息，但日本的能量仍滔滔不絕地湧現。最終演變為豐臣秀吉出兵朝鮮。

3〔編註〕：「不征之國」是明太祖朱元璋所提出的政策，其宣布不會征服十五個鄰近國家，以維繫與這些國家的和睦關係，同時促進各國之間的貿易發展。

4〔編註〕：發生於日本室町幕府第八代將軍足利義政在任時的一次內亂。主要是幕府三管領中的細川勝元與四職中的山名持豐（山名宗全）等守護大名的爭鬥。其範圍除九州等部分地方以外，戰火遍及其他日本國土，由於此一動亂使日本進入將近一個世紀長的戰國時代。

❖出兵朝鮮

豐臣秀吉出征的動機是「借道入唐」，但真正目的為何，則不得而知。簡單來說，其自大心理與誇張妄想，和東亞實情相去甚遠，當然鎩羽而歸。然而，對朝鮮出兵，並以失敗告終，此結果卻造成相當大的影響。

豐臣秀吉政權內，主戰的武鬥派與主和的文官派，兩派因此對立。秀吉死後，政權由德川家康接手，歷經「關原之戰」[5]，最後定都江戶。對日本人而言，這段歷史是常識，再清楚不過。

然而，受到影響的不只日本國內政治。朝鮮全國幾乎都遭到蹂躪，其害罄竹難書。西元一五九二年與一五九七年，此時日本年號分別為文祿與慶長，朝鮮將這兩場戰役稱為「壬辰倭亂」與「丁酉倭亂」。之前對日本暴力威脅的恐懼，果然成真。但是，朝鮮自身並非完全沒有責任。

朝鮮王朝以文人為尊，是中央集權的官僚體制國家，由上而下貫徹儒學、朱子學文尊武卑的觀念，因此軍事力量相對弱小。朝鮮之所以不受外敵侵擾，是因為事大與交鄰關係一切正常，全拜外交所賜。反之，若鄰國武力強大，對外關係決策錯誤，朝鮮馬上就會暴露在外患風險之中。

西元十五世紀後期，位居領議政兼曹判書、主導朝鮮外政的申叔舟曾表示「以事大交鄰為己任」，他最擔心的就是日本。

西元一四四三年，時年二十七歲的申叔舟被派往日本，隔年寫下《海東諸國紀》。此書為申叔舟研究日本的成果，也是瞭解當時日朝關係的重要文獻。其中最知名的段落為：

習性強悍，精於劍槊，慣於舟楫，與我隔海相望。撫之得其道，則朝聘以禮。失其道，則輒肆剽竊。

若朝鮮依照申叔舟的看法，將日本視為威脅，應該會注意到日本戰國末期的變化，並做好準備。可惜他的擔憂，並未成為朝鮮政府的共識。

申叔舟死後，西元十五世紀末葉起，朝鮮不再派遣使者前往日本，自然愈

5〔編註〕：日本廣義的戰國時代末期或安土桃山時代發生於美濃國關原地區的一場戰役，交戰雙方為德川家康領下的東軍以及石田三成等組成的西軍。

來愈不清楚日本情勢。於是，時間進入西元十六世紀末，固守立場的朝鮮，完全不瞭解當時日本的實際狀況，也不清楚日本已從戰國時代，進入豐臣秀吉主政期。日本對朝鮮出兵時，朝鮮也只透過對馬藩的宗氏以及小西行長[6]等人進行交涉。

最後，以申叔舟的話來說，就是「撫之失其道」。為此戰役東奔西走的柳成龍，在其著作《懲毖錄》開頭特別提及，申叔舟逝世時，以「願國家毋與日本失和」回答朝鮮國王成宗提出的問題。豐臣秀吉與日本不瞭解東亞，而朝鮮同樣也不瞭解日本。

可惜在此戰後，朝鮮仍未改變對日本的態度。自此約三十年後，還是重蹈覆轍，招致與「倭亂」時相同、甚至是有過之而無不及的禍患。

❖ 明朝對日本出兵朝鮮的看法

朝鮮遭受日本攻擊，於是向明朝求援，即藩屬國遇到危險，求助於中央上國。換句話說，交鄰關係失敗，便透過事大關係彌補。岌岌可危的對日、對明關係，至此休戚相關。

豐臣秀吉出兵朝鮮，在中國史上是明末「萬曆三大征」[7]之一。日本對朝鮮出兵，演變為明日戰爭。不對，應該這麼說，豐臣秀吉早已聲明「入唐」，所以他原本就打算對明開戰。終結戰爭全賴明朝與日本之間的談判。

日本軍一開始勢如破竹，席捲朝鮮半島，後來卻在海上敗給朝鮮水軍，失去制海權。接著，又被新加入戰場的明軍壓制，在平壤大敗，戰況陷入僵局。於是雙方轉往和談。

不過這場和談相當奇怪。乍看是一致接受明朝想法，進行談判。明朝政府僅討論是否冊封豐臣秀吉，以及是否准許朝貢，便結束雙方協議。其重點在於是否將日本納入明朝的世界秩序。

但在談判過程中，完全看不到豐臣政權的企圖與主張。豐臣秀吉的基本原

6〔編註〕：小西行長（1558-1600），日本戰國時代、安土桃山時代武將。基督教大名，肥後南半國二十四萬石之領主，第一任宇土城和麥島城城主。

7〔編註〕：「萬曆三大征」分別為平定蒙古人哱拜叛亂的寧夏之役、平定日本豐臣秀吉入侵朝鮮的朝鮮之役，以及平定貴州土司楊應龍叛亂的播州之役。

則，應該是將朝鮮納入麾下，成為征服明朝的前哨站。他的想法已完全脫離明朝的世界秩序。出兵朝鮮的原因如上所述，因此對於挑起戰爭的豐臣秀吉，甚至是對日本而言，中原王朝是否冊封、是否允許朝貢根本不是重點。

豐臣秀吉真正關心的利害關係，在此並不可見。雖說是痴人說夢，但若真心想征服明朝，實際上應不會這麼簡單。但總而言之，絕不可能是在理解明朝的世界秩序之後，甘心成為其中之一。明朝完全不瞭解日本的想法。以此種方式和談，欲維持和平關係，可說從一開始就錯得離譜，因此雙方交涉破局。但是，談判過程不盡人意，卻仍持續交涉，實在難以理解。

無論如何，明日和談仍舊失敗，兩方互不相讓，繼續作戰。若想阻止這一切，只能消滅這場戰爭的始作俑者，也就是執著於戰役的豐臣秀吉了。

西元一五九八年，豐臣秀吉逝世，雙方終於停戰。然而，出兵朝鮮所衍生的問題，卻完全沒有解決。

出兵朝鮮一事產生了什麼問題呢？豐臣秀吉的想法與行動，確實是他的個人行為，但卻不是他個人的問題。不論對豐臣秀吉評價如何，當時對他唯唯諾諾的日本人，同樣也無法適應此時明朝與朝鮮的體制，他們和豐臣秀吉並無二致。

該拿日本如何是好？鄰國在大航海時代崛起，無法以道理溝通，還可能對自己造成嚴重軍事威脅，該與此國建立何種關係？國土遭到踐踏，對朝鮮而言，這與國家興亡息息相關；對於與朝鮮毗鄰而居、統治中國的王朝而言，這也是舉足輕重的課題。

此議題不僅限於日本列島。西元十六世紀在這場史無前例的戰爭中結束，日本隨之崛起。非但如此，進入十七世紀，還有更多新勢力方興未艾。

三、胡亂

❖ 北虜南倭

明朝末年，從作家謝肇淛撰寫的隨筆《五雜組》中，可窺見當時明人的世界觀。其中以此段落最為膾炙人口：

> 夷狄諸國，莫禮義於朝鮮，莫膏腴於交阯，莫悍於韃靼，莫狡於倭奴，莫醇於琉球，莫富於真臘，其他肥磽不等，柔獷相半，要其叛服，不足為中國之重輕，惟有北虜、南倭震鄰可慮，其次則女真耳。

如上所述，明代後期為北虜南倭的時代。以明朝立場而言，北方草原為「剽悍的韃靼」，也就是蒙古人；而南方海洋則有「狡猾的倭奴」，即為日本人，兩者都對明朝造成威脅。

然而，以客觀角度看來，這些其實是明朝自己招致的禍患。當時明朝以「華」、「夷」區分人種與土地，此為明朝的意識型態，也是對外制度。在廣大的海岸線施行海禁，以及修築現今仍殘存的萬里長城，都是此種區分方式的實際樣貌。

西元十六世紀，白銀在全球流通，中國社會與經濟更加活躍，但明朝的想法與行為，卻與此趨勢格格不入，無法跟上時代潮流。明朝政府的交通、貿易、金融體制，以及建立起這些體制的世界觀，都對新時代產生過敏症狀，也導致「北虜南倭」的事態，即「北虜」與「南倭」都想和中國進行貿易，求而不得便成為騷擾，也就是說，他們想公然進行非法貿易。

倭寇並非只有日本人，還包括華人等其他民族，北虜也是如此。華夷因商業融為一體，組成武裝組織，進行非法貿易，抵抗官兵鎮壓。在明朝北邊與沿海一帶，本應華夷分別的海陸國界，卻以華夷一體的武裝商業集團為主，形成社群。在此社群當中，許多超越種族及語言、稱霸下個時代的勢力，就此誕生。

但即將興起的勢力不是北虜，也不是南倭，而是謝肇淛文章中，居於遼東半島「其次」的「女真」。

❖ 明代的女真

一開始，女真勢力還很微弱。不說南方的中國大陸，就連與朝鮮半島相比，人數也難以望其項背。自古有句話說「女真不滿萬」，意思是女真族人口不僅稀少，還分為好幾個集團，並不團結。但依賴遊牧狩獵過活的女真人剽悍無比，因此「滿萬不可敵」。

西元十二世紀，女真急速崛起，先後滅遼國與北宋，建立金朝。蒙古帝國摧毀金朝後，女真又回到分立狀態。明朝初年，女真歸順明太祖朱元璋以及明成祖朱棣。

明朝以地理位置區分女真族，進行間接統治。大致分為接近遼東半島的建州女真、北方的海西女真，以及東方的野人女真等三部。

女真族從此與明朝、朝鮮維持和平貿易關係。女真族特產為人參、珍珠與貂皮。由於西元十六世紀進入大航海時代，商業活動繁盛，對高級特產的需求也逐年增加。就地理位置而言，他們與日本的交流相當頻繁。

日本將白銀輸入朝鮮，一部分用於購買絲絹、棉製品等中國物產，一部分則是白銀的報酬，運至日本。負責出口的中國，將貿易所得暫寄於中間位置的朝鮮半島，部分用於購買女真族特產。貿易愈頻繁，愈容易產生紛爭，這也理所當然。

無論古今中外，強國皆會引起周邊國家忌憚。當女真還是忠心、順服的小團體時，明朝與朝鮮都很安心，並未被挑起叛亂的緊張神經。

朝鮮世祖時期，先前提過的申叔舟討伐野人女真，建州女真的李滿住反叛明朝，因此朝鮮世祖派出康純等人，與明軍夾擊，斬殺李滿住。西元十五世紀

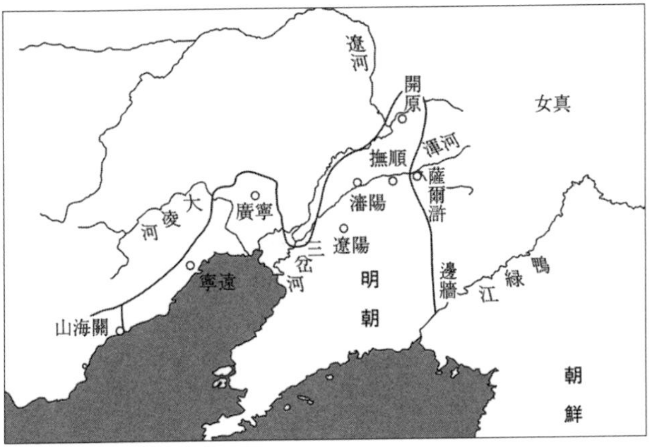

明末遼東地區

時，女真仍不構成明朝與朝鮮的威脅。

❖努爾哈赤崛起

西元十六世紀後期，情勢轉變。北虜對明朝的軍事威脅增高，走私貿易愈發興盛，遼東邊境武裝商業集團的活動也更明目張膽。

遼東的瀋陽、撫順與開原等明朝領土，有女真族在此建立地盤。以城牆與堡壘築起的邊境內外，賴商業為生的軍事派系相繼崛起。其中，根據地位於明朝邊境與鴨綠江之間的建州女真的努爾哈赤，成為最終勝利者，也就是後來的清太祖。

努爾哈赤興兵時間為西元一五八三年，約為豐臣秀吉出兵朝鮮十年前。努爾哈赤崛起，是為了攻打女真領袖尼堪外蘭。尼堪外蘭曾通明軍，殺害努爾哈赤的祖父與父親。當時有百人兵力跟隨努爾哈赤，其中僅有三十人披甲，勢力相當微弱。此時，誰都未曾想過，東亞歷史會從此開始變動。

五年後，努爾哈赤出兵討伐建州一帶反抗勢力，就此統一哲陳、渾河、蘇克素滸、完顏、董鄂等建州五部，建立滿洲國。「滿洲」之命名來自文殊菩薩的梵文「Mañjuśri」音譯，透過轉音，成為他們的種族名稱，即為滿洲族之由來。

與女真毗鄰、位於西方的明朝，其當權者並未妨礙努爾哈赤。他們容許努爾哈赤勢力，認為他是穩定的交易窗口。鎮守遼東三十年、手握大權的大帥李成梁主導此事。以當時的權力關係來看，努爾哈赤勢力之所以能夠壯大，可說全拜李成梁庇護所賜。

李成梁的勢力，以及努爾哈赤的滿洲國，同樣都靠邊境商業貿易興盛，才有一番成績。兩者皆為華夷混合的武裝商業集團，分別居於邊境內外，相互依存。

此時，豐臣秀吉向朝鮮出兵。李成梁之子李如松也加入戰役，努爾哈赤對這場戰爭有何行動，則不得而知。歷史上僅知朝鮮政府曾向他求援，卻遭到拒絕。這場戰爭使朝鮮國土荒蕪、明朝財政產生缺口。但戰爭並非只帶來負面影響。

明朝出兵，遼東地區為人員與物資必經之路，經濟因而繁榮。朝鮮戰役結束後，也揭開十七世紀的序幕，成為此地區的重大轉捩點。

❖大金國的發展

努爾哈赤實力增強，海西女真備感威脅。西元一五九三年，海西女真與扈倫部附近的蒙古科爾沁部聯手，向努爾哈赤宣戰。努爾哈赤最終擊敗三萬大軍，贏得勝利。其勢力更加茁壯，一舉邁向統一女真之路。

事已至此，原先容忍努爾哈赤的明朝，也開始產生警戒。庇護努爾哈赤、並與他保持良好關係的李成梁失勢後，明朝與努爾哈赤正式進入對立關係。西元一六〇八年，明朝政策轉變為敵視努爾哈赤，支持其對手。但在此時，雙方仍各退一步，並未立即撕破臉。

努爾哈赤登基圖

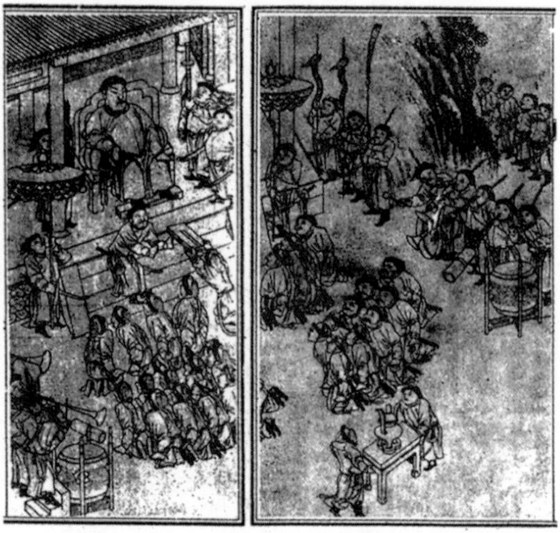

另一方面，努爾哈赤挾著統一女真的氣勢，對明朝愈來愈強勢。他一手掌握人參與貂皮兩大特產，雖說獲取貿易利潤是武裝商業集團的本事，但漢人移民待遇與國界劃分等問題，使得雙方不斷發生紛爭。明朝與努爾哈赤對立逐漸加深，西元一六一〇年代後期，雙方爆發衝突也只是時間的問題了。

自努爾哈赤興兵至逝世，時間約為四十年。雖然努爾哈赤一直都在征戰，但其生涯大致可分為前三十年與後十年。前期他與明朝合作，致力於統一女真；後期則公然反抗明朝，處於敵對關係。前期他將自己建立的國家稱為「滿洲國」，後期對外則稱「大金國」。大金的滿文「Aisin」是「金」的意思。為了與西元十三世紀的金朝區分，史稱「後金」。

努爾哈赤統一多數女真族，於西元一六一六年即位為汗。他準備與敵對的明朝開戰，整頓體制並統合內部。兩年後，努爾哈赤宣布與明朝開戰。西元一六一九年，他在薩爾滸之戰大敗明朝與朝鮮聯軍，併吞仍抵死不從的葉赫部。

不僅如此，他還越過邊界，進攻多數為漢人的明朝領土。西元一六二一年，攻陷了瀋陽與遼陽，並遷都遼陽。原本不到百人的小型武裝集團，以華夷混合的社會為基礎，逐漸茁壯成為國家。

❖ 丁卯戰爭

努爾哈赤即位五年後，勢力急速成長，完全改變遼東地區的勢力平衡。在此之前，只有明朝與朝鮮兩大勢力，兩國之間則為政治真空地帶。也因為如此，明朝與朝鮮才能保有直接的宗藩關係，支持相同的世界觀與秩序體制。

但於此時，明朝與朝鮮之間，出現理念與體制完全不同且軍事力量不相上下的勢力，因此，明朝與朝鮮雙方的宗藩關係，也不可能繼續穩定存在。其中，朝鮮因實力較弱，且地理位置與大金國接近，於是陷入進退兩難的困境。

光海君是當時的朝鮮國王。他深知現狀，恪遵明朝之禮，同時也與大金維持良好關係，費盡心力籌謀。努爾哈赤崛起，他在猶豫之下，在薩爾滸之戰為明朝派出一萬援軍，但司令官姜弘立幾乎未動干戈，便投降努爾哈赤。

努爾哈赤非等閒之輩，並未責難朝鮮對明朝的支持。對大金而言，明朝仍然強大。從地理與歷史條件看來，朝鮮選擇明朝是意料中事。他相當瞭解當時朝鮮的狀況。只要繼續與明朝對抗，猶豫不決的朝鮮也會堅定立場，絕無眼睜睜看著朝鮮落入敵手的道理。

努爾哈赤持續西進，西元一六二六年卻在寧遠吃了敗戰，輸在葡萄牙製的大砲之下。這是常勝將軍努爾哈赤的第一場敗戰，也是最後一場。他從此再也沒有踏上戰場，不久便撒手人寰。

努爾哈赤的繼任者是皇太極，其面對的情勢相當險峻。不僅軍事居於明朝下風，位於南方的朝鮮之政治情況也有變動。西元一六二三年，朝鮮發生政變，光海君遭廢黜，擁立仁祖。朝鮮原本的政權竭力與大金維持良好關係，政變後卻由高舉攘夷旗幟、敵視大金的勢力接手。大金國陷入腹背受敵的情勢。

西元一六二七年，皇太極即位後，為突破現況，立刻派姜弘立等投降的朝鮮人為前鋒，出兵攻打朝鮮。朝鮮稱之為「丁卯胡亂」。朝鮮視大金國為敵，出乎意料遭到攻擊，吃下敗仗。朝鮮仁祖逃往江華島，被迫屈服。大金以壓倒性的優勢，命朝鮮視大金為兄，從此不可對大金興兵。

由此事可看出，大金相當忌憚朝鮮與明朝聯合夾擊。此時，大金還未打算改變與朝鮮的關係，只是不希望朝鮮成為對抗明朝時的後顧之憂。

這些條件不足以使朝鮮按兵不動。對大金來說，若要確保朝鮮不侵犯本國，就得讓朝鮮重新思考與明朝之間的關係。皇太極對此當然也相當清楚。但下定決心解決此事，還得花十年的時間。

四、華夷變態

❖ 清韓關係的前提

大金與朝鮮的關係，在丁卯戰爭後進入全新階段。大金與朝鮮都稱之為「兄弟」關係，但對我們來說有點難以理解。

東亞國家時常借用親戚、血緣關係，比喻雙方君主與國家關係。例如西元十一世紀，宋真宗與遼聖宗以兄弟相稱，西元十二世紀的金世宗與宋孝宗，則以叔姪相稱。

雖然在語意上，前者為對等關係，後者則有高低之分，但意思都是其中一方雖不佔優勢，但雙方無論如何皆須和平共處。由於只是象徵，因此並未細部規定或限制雙方關係。實際情況還是得視當事者的利害關係以及勢力平衡而定。

以此觀點探討大金與朝鮮的狀況，雙方在字面上都互稱兄弟，但實際意義則依雙方立場與利害關係，以及勢力強弱而有不同，因此雙方理解可能有所出入。

由丁卯戰爭的和談，可窺見此種情況：

朝鮮既有心求和，即不須事奉明朝。與明朝斷絕關係，稱大金為兄，朝鮮自稱為弟即可。若明朝不悦，吾等鄰國相助，不足為懼。

對此要求，朝鮮認為：

與明朝之關係，乃大義所系，斷不可許。朝鮮與大金可約為兄弟之邦。

因此，朝鮮回覆：

我國為明朝之臣已兩百年餘，名分已定，並無二心。吾國雖弱，卻為禮義之邦。一夜背棄明朝，貴國究竟視我國為何物？事大與交鄰有別，與貴國交好，是為交鄰，事奉明朝則為事大。兩者並存，無矛盾可言。

最後，大金也接受朝鮮的理由：

貴國原為禮義之邦。遇此危機，仍崇尚節義。不背棄明朝亦可。

兩相交鋒的往來信件，收錄於《朝鮮王朝實錄》向明朝報告的書信中。因此，僅記載朝鮮向明朝宣稱的立場。

朝鮮認為「兄弟名分」為「交鄰」，因此不須斷絕與明朝的「事大」關係，朝鮮的對外關係，自始至終都沒有改變，而大金也理解朝鮮的說法。這就是《朝鮮王朝實錄》中，朝鮮朝廷欲表達的觀點。

另外，《朝鮮王朝實錄》也記載，大金譴責朝鮮文書使用明朝年號「天啟」，對朝鮮發出抗議。與明朝使用相同年號，代表朝鮮服從明朝。大金不斷督促朝鮮將年號改為與自身相同的「天聰」，最後朝鮮並未更改年號，僅改為以干支紀年與日期。

當然，大金並未保留此類紀錄。在大金紀錄中，僅記載「大金使臣之待遇，應與明朝使臣相同」，以及朝鮮國王表示「與遙遠的明朝交流，不如與位置相近的大金交好」。

由此可看出，大金主張朝鮮應與明朝斷絕關係，或至少也應重新調整獨尊明朝的觀念，同樣尊重大金。根據《朝鮮王朝實錄》記載，大金和談時執意要求朝鮮使用「天啟」年號，即可看出大金的意圖。大金認為，既已締結「兄弟」關係，理當如此。

問題並非哪方紀錄正確，而是在同一和談中，同樣使用「兄弟」稱呼，雙方立場與認知卻大相逕庭。「兄弟」關係的鴻溝，在兩者之間難以橫越。因此，問題非解決不可。

❖ 建立清朝與丙子戰爭

努爾哈赤攻不下的寧遠城，皇太極也無法攻克。即便如此，大金的勢力仍逐漸擴大。西元一六三四年遠征蒙古，便是一大創舉。

遠征蒙古時，皇太極收服西方鄰接的區域，也就是現在的內蒙古，以及察哈爾部。皇太極早已是女真族以及遼東區域漢人居民的君主，現在又多了蒙古族。他成為滿、漢、蒙三族共同的君王，因此需要相襯的地位。

他從察哈爾部取得元朝傳國玉璽，承襲蒙古帝國汗位，由滿、漢、蒙三族共同推舉，即皇帝位。西元一六三六年，改國號為「大清國」，年號崇德，建立清朝。

大金——或者說清朝——實力與明朝並駕齊驅，地位對等。以另一個角度來說，明清兩相對立，水火不容。以儒家觀點看來，皇帝是天命所歸的天子，天只有一個，所以天命與天子也獨一無二。忠實擁護此觀念的朝鮮，因此陷入兩難。

皇太極即位時，朝鮮動靜成為一大問題。蒙古與朝鮮是他最新征討的地區，蒙古順水推舟，擁戴皇太極為帝；朝鮮卻完全不聞不問。

皇太極認為「蒙古為子弟，朝鮮國王為吾弟」，兩者本應立場相同，但實際行動卻大異其趣，實在奇怪。因此，皇太極命令朝鮮國王也推舉他稱帝。清朝政府重臣與蒙古君長聯名，向朝鮮國王送出勸告書信，命他「即刻派遣國王近親子弟，共同推戴」。

攜帶此信的大金使者，於西元一六三六年春天抵達朝鮮。確實傳遞訊息後，朝鮮朝廷議論紛紛，最後並未受理此信。

皇太極在沒有朝鮮推戴的情況下，即位為大清國皇帝。同年年底，他帶領十三萬大軍親征朝鮮。清韓關係再度破局，史稱「丙子戰爭」。丙子戰爭的規模與破壞，以及對後代的影響，皆不及丁卯戰爭。

根據清朝紀錄，丙子戰爭的原因是皇太極命朝鮮推他為帝，卻無下文。但是，皇太極原本就不相信朝鮮會從善如流。理論上，若朝鮮依其勸告，與蒙古共同推舉皇太極為帝，便能與蒙古同樣成為清朝的藩部，而非屬國。但當時眾人皆認為，此事不可能成真。

因此，皇太極的目的是逼迫朝鮮做最後決定，是否要捨棄明朝依附清朝。之後，必須摸清楚朝鮮拒絕的態度，全盤瞭解情勢，確定全力攻打朝鮮也無後顧之憂，皇太極才能御駕親征。

若將清朝建國與皇帝即位納入考量，便可瞭解丙子戰爭的意義，並非只是對朝鮮出兵，而是想挑戰朝鮮無法割捨的事大關係，也就是對於明朝體制的堅持。

❖何謂「兄弟」關係？

清朝早在丁卯戰爭時，就想讓朝鮮歸順。皇太極即位為帝時，也曾以書面斷言如此。對他們來說，「兄弟」關係表示比起明朝，朝鮮更應服從清朝。因此清朝認為，朝鮮國王不受理書信，拒絕推舉皇太極為帝，就是「毀約」與「破壞兄弟情誼」。

另一方面，朝鮮則認為「兄弟」關係僅是交鄰關係，雙方地位相同，與明朝的事大關係則要另外遵守。朝鮮諫官洪翼漢是當時最激進的排清主戰論者，他在上疏中寫道：

> 自臣出生起，只聞天下有大明天子。胡虜欲將吾國習俗野蠻化，欲使吾等臣服，自立為天子，實屬貽笑大方之舉。吾國以禮義聞名，天下之小中華。
>
> （《朝鮮王朝實錄》）

他的言論，或多或少是朝鮮人民的共同心聲。

即便如此，朝鮮也不能繼續無視信函，因此還是回覆信件。當然，回信不可直呼清朝為「胡虜」。根據清朝記錄，朝鮮「態度不似兄弟相敬，簡直視吾國為奴」；而記錄在《朝鮮王朝實錄》的另一封信件則寫道「締結交鄰之約時，貴國亦認同朝鮮不須背棄明朝」。朝鮮譴責清朝違背兄弟關係，但清朝並未受理此信件。

清韓雙方皆採用「兄弟」關係的說法，但兩者對此的定義卻大異其趣。對清朝來說，僅締結「兄弟」關係，無法使朝鮮完全脫離明朝。既然如此，理應重新確立雙方關係。若朝鮮願意擁戴皇太極為帝，雙方即可維持良好關係，若不願意，清朝則會採取手段。於是，便開啟了丙子戰爭。

❖ 清韓的宗屬關係

清朝大軍渡過鴨綠江，自義州往朝鮮半島長驅直入，朝鮮國王仁祖受困於南漢山城，被迫投降。朝鮮一投降，清朝便築受降壇，由仁祖向皇太極行投降之禮，慎重舉行受降儀式。現存的三田渡碑，即是為了永久流傳此事，而在受降壇原址建立的清太宗功德碑。

西元一六三七年二月二十四日，皇太極逼迫朝鮮與明朝斷絕關係，與清朝締結事大關係，朝鮮須使用清朝年號，朝貢與儀式等手續一切依照明朝慣例。

清朝認為，朝鮮在十年前早已臣服。但僅締結「兄弟」關係，朝鮮無法理解此事實，所以必須逼迫朝鮮與清朝締結與明朝類似的宗藩關係。木已成舟，朝鮮必須面對現實。

若僅觀察禮儀形式，朝鮮只是將原本與明朝建立的關係，原封不動將對象轉換為清朝。但其背後的意圖與情況，卻大相徑庭。

當時明朝仍存在，且勢力依舊強大。此外，朝鮮認為自身應事奉的中央上國，只有明朝。在此情況下，清朝也不可能心胸寬大地繼續敦促朝鮮投誠。因此，此時的清韓關係，與明代的宗藩關係並不相同。清朝對朝鮮相當苛刻，不但將朝鮮王世子扣留在瀋陽，作為人質，也強迫朝鮮負擔歲幣，且須援助清朝攻打明朝。

為區別明朝與朝鮮的「宗藩關係」，筆者將清韓關係稱為「宗屬關係」。在此關係中，朝鮮雖然還是藩屬，但本書將一致稱朝鮮為「屬國」，與前者區分。

❖日朝交鄰關係的走向

皇太極強逼朝鮮允諾的條件中，允許朝鮮與日本持續既有貿易行為，但日本使者來訪時，則須安排拜訪清廷，且未來清朝也會派遣使者赴日。朝鮮可和日本交流，但清朝相當防備日朝攜手與明朝合作，共同對付滿清。此後，清朝也非常留意朝鮮對日本採取的行動。

日本對朝鮮出兵不久後，德川家康建立幕府政權，朝鮮馬上與日本恢復交流。西元一六〇五年，朝鮮使者與德川家康、德川秀忠於伏見城會面；西元一六〇九年，赴任朝鮮的對馬藩使者，與朝鮮締結基本交流與貿易關係，史稱《己酉條約》。

雙方恢復舊有關係，內情卻不單純。對馬耕地貧瘠，依賴與朝鮮之間的過境貿易維生，日本出兵朝鮮後，對馬引頸期盼兩地早日恢復交流與貿易。對馬藩為德川幕府與朝鮮的中介者，卻竄改雙方往來國書，以偽造的方式，修復日朝關係。

其中，主要竄改內容是德川將軍的國際稱號。朝鮮君主為國王，雙方對等的交鄰關係中，國書須註明「國王」稱號，否則不予受理。但日本自足利義滿後，臣下皆不自稱為「國王」。自稱國王對天皇不敬，且對中原王朝過於卑躬屈膝。

對馬藩為弭平差異，有計劃地修改國書。一旦開始進行，就得為了不被發現，而繼續竄改，於是變成一種習慣。

由於對馬藩竄改的內容是國書，因此不管技術多麼純熟與巧妙，都冒了極大風險。對馬藩內部團結時還可隱瞞，分裂時就會露出破綻，引起大糾紛。

果不其然，二十多年後，對馬藩發生御家騷動，竄改日朝國書一事也浮上檯面，成為國際事件，也就是「柳川一件」[8]。最後，日本與朝鮮的交流制度，改為貿易等日常事務由對馬藩負責，國家事務則透過朝鮮通信使，由幕府直接溝通。西元一六三五年至隔年間，將德川將軍的稱號定為「大君」。

此時，恰好與清朝建立、發動丙子戰爭為同一年代。朝鮮重建日朝關係的動機，大概也和當時的遼東情勢有關。

日朝關係仍舊稱為交鄰關係，但此時的交鄰關係，卻與戰國時代前有所不同。日本確立外交主體「大君」，對馬藩的角色固定，赴朝使節也制式化、慣例化，過去缺乏的因素都已確定，雙方關係趨於安定。

因此，朝鮮盡可能不捲入清朝事務，避免雙方關係複雜化，產生糾紛。對於清朝的要求，朝鮮閃爍其詞，僅通報日本相關事項，但不安排日本使節與清朝交流。

日本方面，德川家康時代曾期盼日本與明朝迅速恢復邦交，並再度進行貿易往來，但數十年過後，並未積極與中原王朝締結關係，進入鎖國時代。時光荏苒，日本與清朝政府並無直接政治交流。

❖ 明清交替

西元一六四四年，流寇李自成攻陷明朝，明朝就此覆滅。隨後，清朝入山海關，奠都北京，統治中國。

後代觀察此事時，認為改朝換代理所當然。明末弊端百出以及清朝崛起，

8〔編註〕：指江戶時代初期日本發生的一起御家騷動事件，事件為對馬藩主宗義成與家臣柳川調興之間因領地和朝鮮問題引發對立，一六三五年經江戶幕府將軍德川家光裁決宗義成獲勝。

皆顯示時勢所趨。但當時的人們，卻認為事態發展始料未及。

日本人將明清交替稱為「華夷變態」。意思是中華的明朝「變」為夷狄清朝的狀「態」。雖說改朝換代只是由明朝換為清朝，但內涵卻不只如此。

夷狄取中華而代之，本是顛覆世界秩序的無稽之談。如今中華淪為夷狄，或者可說，夷狄也能成為中華，此種觀念開始發酵，完全動搖東亞的世界觀，各民族都懷抱著民族主義。此事深刻影響清朝、朝鮮與日本的主流意識型態，加速新時代體制的形成。

自西元一六三七年起至一六四四年，明清並立的八年之間，原始中華之明朝仍儼然巍立，自詡為「小中華」的朝鮮，卻遭夷狄清朝逼迫建立宗屬關係，可謂苦不堪言。最後，面臨明清交替，朝鮮也只能接受現實。

歷史沒有如果，但若能讓我們更清楚史實所代表的意義，則可提出假設。若在明朝繼續存在的情況下，清韓建立「宗屬關係」，告別過去，那麼東亞秩序體系，以及各國對外關係，都可能從西元十七世紀起變得更複雜。

但事實上不久之後明朝覆滅，清朝統治中國，成為明朝的繼任者，明清因此不相衝突。清朝與朝鮮重新締結宗屬關係，此形式不僅繼承明代的宗藩關係，之後也成為清朝與他國締結關係的前例與標準。

清朝釋放作為人質的朝鮮王世子，命他回國。清朝畏懼海上勢力攻擊，因此清朝與海外各國的關係，仍繼續採取朝貢與貿易形式，未有積極作為。

清朝統治中國，帶來全新局面，當初可能產生各種不同的歷史。若僅透過朝貢系統等概念，就認為明代與清代連續採用相同體制，那就是只看表象的結果論。

那麼，這兩個朝代究竟有何不同？歷經西元十六世紀大航海時代，東亞產生前所未見的全新情勢。日本列島與遼東地區政經勢力崛起，居中的朝鮮半島，其地緣政治重要性也大幅提升。

朝鮮半島在西元十六世紀末與西元十七世紀初期，相繼遭到南方與北方鄰國踐踏，朝鮮的重要性不言自明。豐臣秀吉與德川家康統一日本，進入鎖國狀態；女真統一全族，即位為帝，統治中國。日本與清朝不斷擴張，朝鮮夾在兩方之間，堅守自身立場，遭受戰火波及，最終也和日清締結和平關係。

這些都是各國在騷動期間，反覆嘗試控制新局面，所造成的結果。最後，清韓締結宗屬關係，日本與朝鮮則訂定交鄰關係。東亞地緣政治結構不斷變動，終於在西元十七世紀中葉趨於安定。

此種穩定狀態，取決於朝鮮是否能與清朝、日本等新興勢力維持良好關係。締結關係當然不是朝鮮單方面說了算，也應得到對方認同。也就是說，若要平穩持續宗屬關係與交鄰關係，不但需要朝鮮的首肯，清朝統治中國以及德川政權穩定也是必要條件。

即便如此，但無論是宗屬關係還是交鄰關係，皆無法永久不變。各國情勢穩定時還可維繫，但稍有動搖，便會對雙方關係產生疑問。同一事件，就算寫成文字，也可能各自表述。

歷史已經過去，我們談論的內容，都以過去的歷史印記為前提。西元十七世紀後期，東亞歷經動亂，最終趨於穩定。但兩百年後，東亞將再度面臨騷動與不安。

第二章

「屬國自主」的形成

一、西力東漸

❖交鄰關係的機制

西元十七世紀中葉，東亞建立全新秩序體系，日本江戶幕府、朝鮮李氏王朝以及中國清朝的時代相互重疊。西元十九世紀中葉以前，這三個政權大致上都很穩定，所以彼此之間無重大紛爭。

日本與朝鮮為對等交鄰關係。貿易等日常交流由日本對馬藩與朝鮮東萊府負責；牽涉政府層級的事務，則有朝鮮通信使不定期赴日，拜訪江戶幕府。

雙方雖為對等關係，卻非平等互惠。由具體內容可知，渡海赴朝鮮的對馬藩人民，只能滯留於釜山居留地的倭館，不可進入朝鮮內地，日本也從未派遣正式政府使節前往朝鮮。豐臣秀吉對朝鮮出兵，導致朝鮮對日本抱持高度警戒，因此交流侷限於單方。

江戶時代的日本為幕藩制。天皇與將軍並立，國家元首與主政者不同，政體相當特殊。日本唯一的外交對象是朝鮮，因此很容易引發雙方君主地位等名分爭議。江戶時代初期，對馬藩竄改與偽造國書，西元十八世紀初，新井白石[1]則欲恢復「日本國王」稱號，並因禮節等事與朝鮮通信使發生糾紛，上述事件的潛在原因即為名分之爭。

此種風險不易浮出檯面，因為日本與朝鮮的交流，實際上是以對馬藩為媒介，且朝鮮幾乎毫無作為，僅維持單方交流，雙方互不瞭解實情。

舉例來說，德川幕府設置的「大君」稱號，僅有象徵意義。負責與朝鮮交涉的新井白石及雨森芳洲[2]等人，曾提出知名言論「所謂大君，為朝鮮臣子之稱」；但是在日本，「大君」的意思卻是「諸侯之長」。「皇帝、天子、王，為古今一致固定不變的稱號」，但大君與上述稱呼不同，可有各種不同意義。

針對「大君」一詞，日朝雙方各自採用較適合的解釋。朝鮮認為「大君」位階低於國王；日本則認為雙方位階相等，甚至還高於國王。雙方為滿足自尊

1〔編註〕：新井白石（1657-1725），日本江戶時代政治家、詩人、儒學學者。曾為幕府將軍德川家宣、德川家繼的重要輔臣。

2〔編註〕：雨森芳洲（1668-1755），日本江戶時代儒者，通曉漢語和朝鮮語，曾任對馬藩的官員，為對馬藩與朝鮮的外交做出了一定貢獻。

心，採取不同定義。日朝間的認知差異為數不少，但雙方便宜行事，採用符合自身邏輯的解釋，因此交鄰關係得以持續不輟。

有些人注意到了這種無知與誤解的機制。其中一人便是上述的新井白石，因此他提議將「大君」改為「日本國王」。

朝鮮實學派之祖「星湖學派」的代表人物李瀷隨後提出以下論述：

> 關伯者最居極東，未曾稱王，號征夷大將軍……倭皇之失權亦不過六七百年，非國人所願。稍稍有忠義之士出於其間，名正而言順後，必有一逞。若令連結夷人，挾輔其皇，號令諸侯，則未必不伸大義，六十六州太守豈無同聲而應者乎。苟至於此，彼皇而我王，將如何處之……謀國者無遠慮，為目前彌縫之計，又不知關白之非王，以至於此，甚可惜也。（《星湖僿說類選》）

德川將軍承襲豐臣秀吉的執政位階，稱為「關白」。李瀷瞭解天皇與將軍的地位不同，也注意到日本的尊王論，敲響了未來情勢的警鐘，他對當時日本的觀察絲絲入扣。若打倒德川將軍，讓天皇成為主權者，日本天「皇」的地位，就高於朝鮮國「王」，因此朝鮮位階低於日本。百年之後，此事確實成真，但其論點在當初並非主流。

❖宗屬關係的機制

清朝與朝鮮為宗屬關係。大清統治中國後，宗屬關係的具體內容，大致以明朝舊例為準。

清朝已消滅明朝大敵，不須擔心明朝與朝鮮夾擊。此外，由於清朝繼任明朝，清朝採取的對外態度，須與明朝一致。所以清朝的宗屬關係與明朝的宗藩關係，同樣都以朝貢、冊封為主，且不僅適用於朝鮮。清朝平定明朝舊有版圖時，也將宗屬關係推及海外各國。

清朝統治中國以前，已和朝鮮締結宗屬關係，因此朝鮮地位較為特殊。清朝常讚朝鮮最為恭順，在屬國當中數一數二。

朝鮮的感受較為複雜。雙方確實為宗屬關係，但朝鮮是因為受到武力威脅，不得不從。此外，清朝總歸是夷狄，朝鮮並未期望太高。因此在概念與情感上，朝鮮仍堅持自身為「小中華」。

朝鮮認為，明朝過去統治的中原地區，因清朝接管而成為夷狄之地。既然如此，只有朝鮮能夠繼承明朝與中華正統。朝鮮此時仍由衷仰慕已覆滅的明朝。

不過，朝鮮當然不能以任何政治行動展現此種觀點，此舉有害無益。朝鮮對待清朝的態度與行為，雖然不至於假意服從，背地出賣，但也轉向務實行事。朝鮮維持與清朝之間的宗屬、事大關係，但已不像明朝時期那般死心塌地。朝鮮維持雙方關係，是因為若不照做，不知會遭到何種對待。朝鮮以此方式，換取本國安全。也就是說，朝鮮是基於實際利害關係，做出理智的選擇。

因此，若少了這層利害關係，朝鮮也會改變對清朝的態度。但這也是十九世紀後期的事了。

❖ 關係穩定

宗屬關係與交鄰關係，終究維持了兩百年，其中並未發生任何變動。朝鮮持續派遣使者赴清、赴日，除了維持良好關係與保障本國安全外，也肩負探查清朝與日本等兩大威脅動向的重任。

赴清使節前往燕京（北京），稱為「燕行使」，他們留下的紀錄通稱為《燕行錄》。派往日本的使者即為前述的「通信使」，他們留下了《東槎錄》與《海槎錄》等紀錄。從這些寶貴且數量龐大的史料中，可窺見當時清韓、日朝關係的實際樣貌。清朝與日本並未留有如此系統化且持續不斷的紀錄。由於朝鮮半島位置特殊，因此才能留下這些紀錄。

日本與清朝官方並未正式交流，僅有中國商人渡海至長崎，保持單方通商關係。日本進口中國產品，並出口貴金屬至中國，維持單方貿易。此外，關於兩國資訊，中國現況會傳至日本，但中國卻不瞭解日本詳細情況，因此與貿易同樣為單方關係。由於兩國經濟情況與社會結構差異甚大，因此雙方對物品與知識的需求也各不相同。

清朝認為倭寇是海上軍事威脅，而日本則擔心基督教傳入日本本土，兩國原本的政治動機，造成雙方互不信任。然而，正因為兩國互不關心，且未深入瞭解對方，才能和平相處兩百年。

無論如何，日清不曾直接交涉，分別和兩國締結宗屬關係與交鄰關係的朝鮮，也未受日清關係影響。對日本與清朝來說，也是如此。宗屬關係與交鄰關係互不相關，穩定持續，分別形成不同的樣貌。

❖ 西方列強出現的意義

然而，維持穩定關係，思考會陷入慣性，造成外交僵化。兩百年實屬久遠。進入西元十九世紀，西方列強歷經資產階級革命與工業革命後，煥然一新，再度前進東亞。東亞的思考與行動仍然停駐原地，但周邊情勢已開始改變。

西元十六世紀至十七世紀的情勢，並非與西方完全無關。但其因果關係，僅限於肉眼不可見的經濟影響，政治與外交勢力則較少受到直接影響。

如前所述，拜世界商業興盛所賜，日本列島與遼東地區崛起，其中也包括西方的影響。然而，此影響最後產生的政治外交情勢，大多僅限於日、清、韓三國範圍內。基督教問題則為例外，此問題產生的效應不容小覷。但若只談東亞秩序與關係，實際影響僅限於這三個國家。

西元十九世紀時，西方國家進入東亞的情況，與十七世紀大不相同。除經濟以外，政治勢力也對東亞造成直接衝擊。

西方各國前進東亞，對日本、清朝與朝鮮帶來的影響，並不完全相同。除了西方列強的利害關係以外，也因三國地理環境、經濟條件、政治體制與社會結構之不同而有差異。

筆者在此不具體詳述。但最重要的是，日清韓三國的動態，絕不可能與他國無關，此外，潛藏在彼此關係中的問題，亦會浮上檯面。清朝與朝鮮的宗屬關係、日本與朝鮮的交鄰關係，以及日本與清朝的關係，皆不可能維持原樣，但也無法承受關係破裂的風險。

❖ 清朝蛻變

西元一七九二年，英國派遣特命全權大使馬戛爾尼（George Macartney）前往中國，這是英國史上首次派遣外交使節赴中。清朝熱烈款待，但僅把他當作一般朝貢使者，斷然拒絕開放貿易的要求。乾隆年間是清朝黃金時代，因此還能夠拒絕。西元十八世紀末，東亞勢力仍優於西方，這段插曲也是象徵之一。

半個世紀過後，西元一八四二年，著名的鴉片戰爭結束，清朝屈服在英國武力之下，簽署《南京條約》。清朝與其他國家的關係，已無法停留在朝貢與貿易。簽訂《南京條約》後，近代西方的國際關係也逐漸引進東亞。

然而，清朝並未積極理解條約關係，也不打算履行條約內容。西方列強勃然大怒，西元一八五六年再度訴諸武力，也就是英法聯軍之役（一八五六年至一八六〇年）。最後，清朝於西元一八六〇年，在北京被迫投降。清朝不得不面對近代西式的國際關係。

西元一八六一年，北京設立總理各國事務衙門，簡稱總理衙門。此機構之設置，也充分反映清朝不得不面對的狀況。

英法聯軍之役結束後，清朝簽訂《天津條約》與《北京條約》，西方各國使臣可常駐北京，清朝也須設立日常接待使臣的外交單位，也就是總理衙門。總理衙門的存在，代表清朝雖不甘願，卻也只能遵循西方規矩，與西方各國交流。

但是，這並不表示清朝心甘情願將西方近代的國家體系與國際關係，當成本國對外關係的原則與標準。簽署條約與設立總理衙門，只不過是為了避開眼前危機，以及收拾殘局的方法與手段罷了。

因此，即便清朝理解並承認合約雙方皆受到條約條文規範，但卻完全無法接受條約背後的精神與原則。條約關係僅限於清朝與西方各國，總理衙門只負責管轄西方各國，上述兩者不可約束清朝內外事務。

清朝認為，與西方各國簽訂條約前，宗屬關係早已存在，因此不受條約與國際法影響。兩者層次不同，完全不相干。然而在現實上，與清朝保有宗屬關係的屬國，若與清朝締結條約的西方列強進行協商，此時清朝絕無法撇清自身與雙方的關係，置身事外。

此種狀況會對清朝與其屬國造成何種影響？在西元一八六〇年代前期，尚無人知曉。

❖日本蛻變

表面上，日本的時間歷程大致與清朝相同。西元十八世紀末，外國船隻渡海前往日本，幕府遂於西元一八二五年頒布《異國船驅逐令》，提高警戒。但日本在得知鴉片戰爭結果後，幕府便廢除驅逐令，致力改善日本與西方各國的關係。

西元一八五三年，美國海軍准將培里（Matthew C. Perry）抵達日本，日本被迫開國。隨後，日本與西方締結的條約，大致與中國相同。西元一八五八年，清朝簽署《天津條約》不久後，日本也與美國、荷蘭、俄羅斯、英國與法國相繼簽訂通商條約。

日本與中國決定性的差異，在於十年後的江戶幕府倒臺，日本舊有政體完全改變。

明治維新為日本內部帶來改變，與清朝產生強烈對比。日本立志轉型為西式近代國家，不僅更動國內統治體系，對外關係也與過去不同。日本人多半瞭解這段歷史，但以整體東亞看來，日本當時的行動卻相當特立獨行，這也成為東亞變革的開端。

西方各國進入東亞，原本穩定的東亞秩序體系，產生大幅變動。清朝與朝鮮為宗屬關係，他們和西方各國締結條約，重新制定原有體制。日本則和朝鮮擁有交鄰關係，日本不僅與西方簽訂條約，還建立全新政體，取代德川幕府。

上述兩件事實，對過去的清韓關係以及日朝關係，產生極大影響。宗屬關係與交鄰關係的前提，是清朝與幕府狀態穩定，但於此時此條件已不存在。

❖西洋侵擾

清朝與日本為西洋入侵所苦，而朝鮮也無法超然物外。朝鮮歷經的紛爭，不下於日本與清朝。然而，朝鮮的狀況，卻與同時期的日本、清朝大不相同。

西元一八六〇年代，西方勢力對日本與清朝造成影響，此時朝鮮也揭開新時代的序幕。西元一八六三年，朝鮮國王哲宗未留下後嗣便離世，因此由旁系宗親中年幼的高宗繼承嫡統，即位為王。高宗生父興宣大院君李昰應掌握實權。

大院君在多方面進行改革，肅正綱紀，大幅強化政府權力。此種強勢領導方式，也發揮在對外關係上，全心全意致力於攘夷。

西元十八世紀末，基督教與天主教經中國傳入朝鮮，朝鮮政府認為這兩個宗教否定朝鮮主流意識型態——朱子學的人倫與祭祀觀念——因此不斷提高警

大院君

戒與鎮壓強度。他們捍衛朱子學的正統，排斥天主教異端邪說，稱為「衛正斥邪」。

推動「衛正斥邪」是大院君思想控制政策的一環。西元一八六六年起，大院君強烈壓迫天主教，處決九名潛入朝鮮的法國神父以及上千名朝鮮教徒，史稱「丙寅邪獄」。

朝鮮的鎮壓達到空前規模，是因為先前中國發生英法聯軍之役，清朝敗戰對朝鮮朝廷造成劇烈衝擊。朝鮮派往中國的使節親眼目睹英法聯軍攻陷北京，清朝皇帝逃亡至熱河，並將此消息帶回朝鮮。

大院君擔心若不鎮壓基督教，熱河之禍也會發生在自己身上，因此「斥邪」與「邪獄」不僅限於基督教等異端邪說，對西方各國也產生警戒與敵視心理。清朝開始與西方談判之時，朝鮮反而更視西方為敵。

朝鮮進行鎮壓、迫害法國神父的消息傳開，法國駐北京臨時代理公使伯洛內（Henri de Bellonet）於西元一八六六年七月展開報復，命法國亞洲艦隊司令羅茲（Pierre-Gustave Roze）開軍艦遠征朝鮮。羅茲於九月佔領江華島，要求處罰殺害神父之人，並要求與朝鮮簽署條約，但他在各地吃下敗仗，只好撤退。

法軍入侵前後，美國商船舍門將軍號沿大同江溯航，要求朝鮮通商，並發射砲彈。當時的平安道觀察使朴珪壽指揮軍民，燒毀船隻，使之沉沒，殺害全體船員。上述法國與美國的侵略事件，史稱「丙寅洋擾」。

美國駐北京公使鏤斐迪（Frederick Low）獲知此事，於一八七一年四月隨五艘軍艦前往朝鮮，要求朝鮮賠償損害與簽署條約。但此事以失敗告終，因此鏤斐迪命艦隊登陸江華島，佔領砲臺。朝鮮頑強抵抗，美軍一個月後只能撤退。此事件稱為「辛未洋擾」。

朝鮮擊退了法軍與美軍艦隊，使大院君對攘夷政策更加胸有成竹。他在全國各地豎立「斥和碑」，刻上「洋夷侵犯，非戰則和，主和賣國，戒我萬年子孫」，宣示政績與決心。

❖ 對宗屬關係的影響

丙寅與辛未洋擾，看似為朝鮮與西方各國的問題，但事實上並非如此。法國與美國皆與清朝有外交關係，也知道清朝與朝鮮為宗屬關係，因此兩國侵略朝鮮前，都曾事先與清朝交涉。

法國與美國認為朝鮮為清朝屬國，屬國行為必須由宗主國承擔。但負責交涉的總理衙門回覆，朝鮮確實為清朝屬國，但雙方僅有朝貢關係，朝鮮「所有國事」皆由朝鮮自主。

法國公使伯洛內與美國公使鏤斐迪，都是在收到回覆後，直接對朝鮮出兵。鏤斐迪清楚表示朝鮮「實質獨立」，屬國身分為「有名無實」。

然而，朝鮮未必瞭解清朝與西方列強的觀點。朝鮮拒絕與法、美兩國締結條約，論點即為自身之屬國地位。

宗主國清朝的皇帝是天子與君父，屬國朝鮮的國王則為諸侯與臣子，屬國怎可將宗主國置之度外，擅自與異國締結關係。當然，此種說法只是表面說辭，在檯面上，朝鮮無法接受此提議。朝鮮其實是想靠清朝的保護，阻止法、美兩國的威脅。

清朝當然也瞭解這一點。朝鮮國事全為自主，在當時也是事實，並無錯誤。特以書面表明，有其原因：首先，是因為西方各國不瞭解宗屬關係之內情與現狀；其次，則是避免捲入不必要的糾紛。上述即為清朝面對此事的態度。

簡要而言，就是朝鮮與清朝互相推卸面對西方國家的責任，但由此也可發現，清朝與朝鮮看待宗屬關係的角度並不相同。西洋侵擾也讓清韓關係定義模糊的問題，逐漸浮上檯面。清朝與朝鮮的關係，明顯受到西洋之影響，而開始動搖。

此外，引發問題的西方各國，由於清韓雙方解釋相互矛盾，無法確認何者為真，因此陷入五里霧中。此事也對未來造成長遠影響。

二、朝鮮締結條約

❖從書契問題到《江華條約》

清韓之間的宗屬關係，因丙寅與辛未洋擾而開始動搖。同時，日本與朝鮮的關係也面臨巨大危機。

日本實行明治維新，於西元一八六八年底通知朝鮮「王政復古」[3]的消息。通知文件中有天皇的「皇」與「敕」字，與舊制格式不同，朝鮮因此認為日本傲慢無禮，拒絕受理。

朝鮮奉宗屬關係為圭臬，認為只有天子——也就是清朝皇帝——才可使用「皇」與「敕」字。日本與朝鮮關係對等，卻使用這兩個字，代表日本凌駕朝鮮，否定交鄰關係。李瀷所擔心的危機，終於浮上檯面。

明治時代的日本，很快就與鄰國朝鮮產生對立。由於通知書信稱為「書契」，因此這個事件稱為「書契問題」。

日本政體改變，欲整頓對外關係，但朝鮮卻想維持原有關係。雙方之原則發生衝突，因此產生「書契問題」。此事關乎主政的天皇，日本不可能輕易退讓。而朝鮮的大院君則堅持舊有對外關係，不肯停止攘夷，因此兩國產生相當嚴重的矛盾。

五年後，突破僵局的契機終於到來。西元一八七三年，大院君引退，朝鮮國王高宗親政，王妃閔氏一族掌握實權，朝鮮與日本的交涉有了進展。

然而，朝鮮的基本態度，仍是維持過去的交鄰關係。因此，即便日本與朝鮮於西元一八七五年開始交涉，仍舊因為「大日本」與「皇上」等文字兩相對立，談判再度觸礁。

日本大發雷霆，以軍艦進行武力示威，將雲揚號駛入江華島東方海域，砲擊朝鮮，並以此為藉口，不僅強迫朝鮮受理書契，朝鮮還得在隔年一月與日本談判，簽署條約。兩國最後簽訂《日朝修好條規》，也就是《江華條約》。

3〔編註〕：「王政復古」是日本江戶時代末期，一八六八年一月三日，宣告江戶幕府廢止、明治新政府成立的政變。在此之前，「王政復古」也是長州、薩摩等藩討幕派的理念。

❖日本與朝鮮的認知

日本簽署《江華條約》，簡單來說是想將原有的交鄰關係，改為近代西式的條約關係。過去對馬藩與朝鮮的日常交流是「曖昧的私下交流」，因此予以廢止，並欲透過兩國政府締結條約，建立近代外交關係。

若要簽署條約，雙方必須為主權國家，因此日本相當關心朝鮮的國際地位。此事與朝鮮和清朝的宗屬關係息息相關，日本與朝鮮發生「書契問題」，宗屬關係也是原因之一。日本與引發洋擾的西方各國相同，都對宗屬關係的內容抱持疑問。負責交涉的廣津弘信曾說，「清朝與朝鮮相互依賴與庇護，須瞭解其程度為何」，也感覺到此事的重要性。

只不過，若想判斷這一點，日本必須先搞清楚朝鮮是「內外專斷獨裁」的獨立國，還是「事事仰賴清朝」的屬國，兩者擇一。也就是說，清朝雖對法、美兩國表示朝鮮為其屬國，然國事一切自主，但當時的日本並無此種概念。

因此，《江華條約》第一款即寫明「朝鮮國自主之邦」且「保有與日本國平等之權」。日本認為，至少在朝鮮與日本的關係當中，朝鮮並非清朝屬國，而是和日本對等的獨立國家。

朝鮮政府與日本締結《江華條約》，絕非本意，只是受到日本武力威嚇，才回應對方要求。

然而，雙方談判過程卻與美國不同，朝鮮未公開表示自身為清朝屬國，要求清朝庇護。朝鮮行使了清朝所說的「自主」權。日本曾猜測朝鮮會提出「外患肆虐，乞求清朝保護」，但此種情況並未發生。

日本與朝鮮談判，最終並未直接對清韓宗屬關係造成具體影響。雙方交涉的成果，除了簽署條約以外，還包括《江華條約》第一款的內容。

然而，這並不代表朝鮮的認知與日本完全相同。朝鮮最後決定簽署《江華條約》，不是因為朝鮮可透過此條約，發展全新的國際關係，而是因為繼西元一八六八年交流中斷以來，朝鮮再度與日本恢復原有的交鄰關係。

條約第一款的「自主之邦」以及「與日本國平等」等要點，與交鄰關係的意義相同，當時的朝鮮認為，日朝關係得以再度延續，且仍保持原有形式。

日本與朝鮮針對相同條約與內容達成了共識，但雙方的想法卻南轅北轍。兩國從締結條約到壬午事變為止，一直無法順利溝通，也和上述狀況有關。

❖《日清修好條規》．日本出兵臺灣與朝鮮

承上，日朝兩國所締結的《江華條約》，與清朝以及清韓宗屬關係仍息息相關。那麼，清朝對日朝關係又有何種想法呢？

一言以蔽之，清朝認為日本是軍事上的威脅，因此相當警戒，自西元一八六〇年代起，更是如此。此種狀況主要可分為三大因素。首先，日本曾是倭寇；其次，當時日本急速西化，尤其是武器的現代化；最後，則是日本列島的地理位置。總理衙門的見解如下：

日本在前明為倭寇，江浙等省濱海地方蹂躪幾遍，並延及於朝鮮……日本兵敗，與英法各國講解，旋即發奮為雄，學造兵船，往來各國，志不在小……英法各國與之搆兵，其志不過在於傳教通商……至日本無所牽制，難保不貪其土地。設朝鮮為日本所據，則與中國相鄰，患更切膚……是朝鮮被日本之兵，其患較被法國之兵為尤甚。（《清季中日韓關係史料》）

日本的軍事威脅由上述三大因素組成，其中，日本對朝鮮的侵犯更是至關重要。

以客觀角度而言，清朝的觀點是否正確，並非問題所在。我們必須注意的是，當時清朝對日本的看法根深蒂固，之後或多或少也持相同態度。

西元一八七一年九月，清朝與日本簽署《日清修好條規》。這是亞洲國家之間最早簽訂的條約，其性質也異於亞洲國家與西方各國簽下的不平等條約，因此廣受關注。然而，以簽署雙方各自的立場看來，此條約卻有不同的意義。

此議題是由日本提出。過去日本與清朝並無交流，因此日本主要是想和清朝締結條約，並建立外交關係。無論條約內容如何，若要仿效西方近代國家，日本就得重新建立對外關係。

另一方面，清朝相當防備日本，因此希望「攏絡」日本這個軍事威脅，避免日本與清朝為敵。朝鮮事關重大，清朝也未忽略。

《日清修好條規》第一條寫道：「兩國所屬邦土，亦各以禮相待，不可稍有侵越。」在清朝提議下，條約納入這項雙方互不侵略的條文，條文的真正目的，則是避免日本侵略朝鮮。「所屬邦土」不僅包括清朝轄下的土地，也涵蓋不由清朝直接控制的屬國，例如朝鮮。

日本當然不明白清朝的目的，也不瞭解條文的真正涵義。日清關係以此條約為出發點，反而造成更多糾紛。

❖出兵臺灣與《江華條約》

其中最明顯的例子，發生在西元一八七四年，即日本對臺灣出兵。臺灣原住民殺害琉球漂民，由於清朝無意負責，日本便以此為由，採取武力手段。

日本對臺出兵，清朝受到相當大的衝擊。清朝多年來對日本軍事威脅的恐懼，終於成為現實。此外，《日清修好條規》之「兩國所屬邦土」明定互不侵犯，日本卻毀約，對臺灣出兵，因此《日清修好條規》的效力岌岌可危。

清朝緊急進行軍事對抗措施，之後也視日本為假想敵，開始建設海軍等「海防」。《日清修好條規》中，清朝最為憂心朝鮮，建設海防也與朝鮮息息相關。

日本對臺出兵後，清朝開始警戒日本侵犯朝鮮，也對朝鮮政府表達憂心。西元一八七四年，朝鮮政府著手與日本交涉，也和清朝的警告脫不了干係。

日本威脅大增，朝鮮半島堪慮，不久後，日本與朝鮮締結《江華條約》。關於此事，清朝表示朝鮮可自行決定是否與日本簽署條約，表面上不打算介入兩國之間。清朝採取的態度與丙寅、辛未洋擾時相同。然而，清朝對當時情勢的認知卻已有改變。

關於本國，清朝希望「學習明代歷史教訓」，著重於「救援」朝鮮的軍備不足；關於日本，則不「稍使武力」，不採取敵對行動；關於朝鮮，則著眼於朝鮮對清朝的「恭順至誠」。清朝對現況的認知，主要來自上述三個面向。

清朝雖表示朝鮮可自主，但同時也建議朝鮮「忍耐小忿」，與日本妥協，事情才能和平收場，清朝提出的建議，就是上述認知的產物。因此，只要其中一個層面改變，清朝對日朝關係的方針也會隨之更動。

清朝的主政者，並未從屬國朝鮮獲得日朝關係的詳細資訊。直到西元一八七四年十月，清朝才知道「書契問題」等日朝糾紛，此時日本與朝鮮已著手談判。清朝對當時日朝之間的微妙關係一無所知。

從客觀角度來看，清朝視日本為朝鮮半島的威脅，卻不對日本「稍使武力」，並認為朝鮮「恭順至誠」，兩相比較之下，清朝對日本與朝鮮確實過於樂觀。等到發現錯誤，清朝預設的宗屬關係，以及屬國朝鮮的「自主」問題再度躍上檯面，清韓關係與日朝關係從此密不可分。

❖從日本併吞琉球到簽署條約

清朝對日本的戒心不斷升高，西元一八七九年日本併吞琉球，清朝對日警戒達到巔峰。日本廢除琉球藩，改置沖繩縣，對清朝來說，這無疑是屬國琉球的「滅亡」，清朝與琉球的宗屬關係蕩然無存。

琉球存亡並非清朝關心的重點。問題在於，一旦開創琉球「滅亡」先例，可能造成其他屬國「覆滅」，宗屬關係消失殆盡。

日本是朝鮮半島的軍事威脅，說明白一點，清朝因此再度迫切感受到朝鮮被併吞的危險。清朝的樂觀態度大受打擊，不得不重啟談判。

為了不「重蹈琉球的覆轍」，清朝政府便採取具體策略，命朝鮮與西方各國締結條約。朝鮮若與西方列強簽署條約，日本則因忌憚西方列強，無法輕易對朝鮮出手。因此，總理衙門委託北洋大臣李鴻章，遊說朝鮮政府與西方列強締結條約。

朝鮮重臣李裕元擔負對外溝通重任，他反對朝鮮與西方各國締結條約，因此李鴻章的策略並不見效。一年過後，朝鮮政府仍未有積極動作。

然而，在其他事件影響之下，朝鮮也開始改變態度。朝鮮的修信使金弘集赴日，與日本政府談判，他在西元一八八〇年十月初，自日本帶回《朝鮮策略》。《朝鮮策略》由清朝駐日公使館員黃遵憲撰寫，解釋與朝鮮相關的世界情勢，並提出未來應採取的方針，建議朝鮮政府改變與清朝的關係、改善與日本

李鴻章

的關係，以及與美國簽署條約。原文為「於親中國，則稍變舊章；於結日本，則亟修條規；於聯美國，則急締善約」。

西元一八七七年底，清朝任命何如璋為駐日公使，負責與日本政府進行日常交涉。當然，何如璋當時的重責大任是與日本談判併吞琉球一事。由於此事與朝鮮息息相關，因此何如璋也得思考朝鮮問題。

西元一八八〇年，美國海軍司令舒斐特（Commodore Robert Shufeldt）與朝鮮修信使金弘集相繼赴日。何如璋以此為契機，以駐日使館的立場，私下說服朝鮮締結條約。

❖《朝鮮策略》與《主持朝鮮外交議》

何如璋命部下黃遵憲撰寫《朝鮮策略》，並交給金弘集帶回朝鮮，這是遊說的其中一環。何如璋不斷與金弘集會面，當然也是為了達成目的。同時，他也向清廷呈上意見書《主持朝鮮外交議》。與《朝鮮策略》相互對照後，即可瞭解當時清朝駐日使館的整體構想。

簡而言之，他們希望朝鮮在法律上成為清朝屬國，因此強制朝鮮與美國締結條約。他們的原則是剝奪朝鮮「自主」權利，讓「屬國」變成國際法上的屬地。因此，何如璋表示朝鮮應「稍變舊章」、「親中國」。此種說法與《朝鮮策略》並無二致。然而，《朝鮮策略》雖使用相同語句，但由於對象為朝鮮，因此並未說明具體內容。

可惜清朝、總理衙門與李鴻章並未採納何如璋的意見。他們擔心捲入日本、朝鮮與西方各國之間無謂的紛爭，並自認缺乏解決此事的實力，因而叫停。

另一方面，朝鮮國王高宗與其親信透過金弘集，瞭解《朝鮮策略》提出的建議，大受震撼。該年年底，閔氏政權開始導入現代軍備與技術，便是最明顯的例子。朝鮮遵照《朝鮮策略》改變對外關係，轉而與美國締結條約。

大院君執政時代，朝鮮的在地兩班[4]貴族勢力廣泛，他們反對與美國締約，大聲疾呼「衛正斥邪」。帶回《朝鮮策略》的金弘集飽受批評。但朝鮮政府強力壓制國內聲浪，往締約之路邁進。

4〔編註〕：「兩班」一詞指上朝時，君王坐北向南，以君王為中心，文官排列在東邊，武官排列在西邊，即「文武兩班」，之後，兩班專指上朝會的官員延伸到兩班官員的家族及家門。

即便如此，朝鮮仍未察覺清朝駐日使館的企圖，尤其是「親中國」背後的涵義。《朝鮮策略》並未對此多做解釋，朝鮮當然也不瞭解。朝鮮若是察覺真正意義，可能就此改變面對清朝的態度，造就完全不同的歷史。

然而，在真正的歷史中，朝鮮政府對於「親中國」方針的理解，是與清朝擴大交流。與美國締結條約一事，朝鮮也並未多想。

❖ 關於「屬國自主」

西元一八八一年底，朝鮮與美國開始針對締結條約進行談判。朝鮮吏曹參議金允植以留學生之首「領選使」的身分，赴天津拜訪李鴻章，此事成為締結條約的契機。自此之後，朝鮮問題多由北洋大臣李鴻章一手包辦。

李鴻章與金允植協議後決定，與美方實際針對條約進行交涉時，由李鴻章主導，於天津議定條約內容後，再回到朝鮮簽署條約。此外，兩人也討論朝鮮提出的條約草案，雙方同意後擬定最終版本。草案第一條為「朝鮮為清朝屬國，內政外交由朝鮮自主」，簡稱「屬國自主」。締結條約一事，清朝與朝鮮表面上採取相同步調。

條約草案第一條的「屬國自主」，忠實呈現總理衙門與李鴻章主張的觀點。然而，此時李鴻章特意將此要點納入條約，有其用意。

從丙寅與辛未洋擾可知，西方各國並不瞭解清朝與朝鮮的宗屬關係。進入西元一八八〇年代，各國不僅無法理解雙方的宗屬關係，甚至不再表示尊重。日本併吞琉球，清朝嚐到苦果，同時，清朝也因越南問題，與法國糾纏不清。

清朝認為，外國必須認同朝鮮為清朝屬國。由於條約可約束西方各國，所以清朝必須在條約註明清朝與朝鮮的關係。

金允植也同意「屬國自主」，但朝鮮的想法，未必與李鴻章相同。金允植的日記《陰晴史》有以下內容：

我國之為中國屬邦，天下之所共知也……既已聲明於各國，大書於約條，異日我國有事，若不竭力救之，必貽天下人之笑。天下人見中國之擔任我國，則各國輕我之心亦從而小阻。且於其下以均得自主繼之，是則與各國相交，無害用平等之權矣，不觸失權之忌，不背事大之義，可謂兩得。

金允植認為的「屬國」是宗主國清朝維護處於「孤弱之勢」的朝鮮；而自主則是朝鮮獨立與各國交流，行使「平等之權」。

朝鮮認為兩種關係對象不同。朝鮮與日本及西方各國為對等自主關係，而清朝若能保護朝鮮，並支持朝鮮自主，朝鮮便是清朝屬國。過去講究實際效用的宗屬關係，相當於「屬國」；透過《江華條約》恢復交鄰關係，則對應到「自主」。

清朝與朝鮮彙整條約草案，表面看似立場相同，實際上卻南轅北轍。清朝的主要目的是向各國宣告清韓之間的特別關係，重點放在朝鮮為清朝屬國；朝鮮則較重視自主，強調朝鮮與各國的對等關係。同樣是「屬國自主」，兩國企圖卻各不相同，因此雙方之矛盾遲早會浮上檯面。

三、一八八二年

❖ 馬建忠出使

西元一八八二年三月二十五日，美國全權大使舒斐特與李鴻章開始談判。其中最大的爭議是第一條內容「屬國自主」，兩者主張毫無交集。最後，舒斐特以不符西式條約為由，拒絕在條約正文放上「屬國自主」內容。

舒斐特

李鴻章雖不情願，但在天津談判時，也只能暫且擱置心中盤算，準備在朝鮮簽署條約。他打算在簽約階段另尋對策，即便無法明確記載於條約，也要讓美方承認「屬國自主」。

李鴻章的計策之一，便是派遣清朝委員赴朝鮮見證條約簽訂。清朝之目的除了協助朝鮮與美國溝通之外，也希望避免俄國與日本介入，確保條約順利簽訂。此外，若有機會也必須重新加入「屬國自主」條文，再不然也得完成替代方案。

於是，在天津負責舒斐特談判事務的馬建忠赴任朝鮮。清朝與朝鮮對「屬國自主」的詮釋存在巨大鴻溝，馬建忠的任務並不輕鬆。與此同時，日本也與朝鮮進行條約談判，所以日本的動靜亦不容忽視。馬建忠將在朝鮮親身體會上述狀況。

西元一八八二年五月八日，馬建忠抵達仁川濟物浦。同月二十二日，舒斐特與朝鮮全權大官申櫶在見證之下，順利簽署《朝美修好通商條約》。

從馬建忠抵達朝鮮到簽署條約，間隔為兩週。舒斐特雖與馬建忠大約同時出發，但由於受到惡劣天氣影響，晚了四天才到達朝鮮，簽署條約的時間因此延後。於此期間，發生了一件不可忽略的大事。

條約第一款「屬國自主」仍懸而未決，舒斐特也未改變心意，清朝無法重新加入此條文。因此，朝鮮國王決定向美國總統寄出親筆信，明確記載「屬國自主」內容。當時用語稱之為「照會」。

舒斐特抵朝鮮後，繼續花時間調整合約與準備文件。直到五月二十日，才將照會與全權委任狀等文件全數整理完成。馬建忠將照會的日期提前，填上五月十五日，表示美國在條約談判階段，就承認朝鮮「屬國自主」。

舒斐特的反對已是預料中事，且準備文件為事務性工作，因此並未造成任何問題。值得注意的是，舒斐特抵達朝鮮以前，馬建忠與朝鮮關係惡化，清韓問題再次浮上檯面。

❖馬建忠的角色

馬建忠抵達朝鮮，立刻詢問接待的朝鮮官員，朝鮮政府對條約談判的意向為何。然而，朝鮮官員卻顧左右而言他，甚至擺出輕蔑的態度。馬建忠馬上起

馬建忠

了疑心。日本的朝鮮辦理公使花房義質，意外與馬建忠同時抵達濟物浦，且朝鮮的官員還出入花房義質住處。

馬建忠怒不可遏，記錄當時情況如下：

> 惟朝鮮自受日人蠱惑以來，雖未敢箕踞向漢，而亦不無狡展之心，自二十日回舟，小示決裂，始知中朝人士不可玩狎。

馬建忠見朝鮮傲慢無禮，判斷是受日本影響所致，因此相當憂慮朝鮮的動向。但在馬建忠擺出強硬姿態後，朝鮮一改先前態度，對他恭敬謹慎。不過，馬建忠並未因此鬆懈。他在紀錄中寫道：

> 遂於二十七日，其所派議約大官申櫶、副官金弘集登舟來謁時，令先站隊升炮以張吾威複，傳令陪臣某某代國王行三跪九叩禮，恭請皇太后皇上聖安，以折其氣。然後以筆談所載諸語，從而紆徐引掖，使之樂就夫範圍，已乃為代擬照會一稿，寬假以自主之名，實申明其屬邦之實。（《東行初錄》）

朝鮮維持宗屬關係應有的禮儀，清朝則在稅率等問題迎合朝鮮意向，雙方

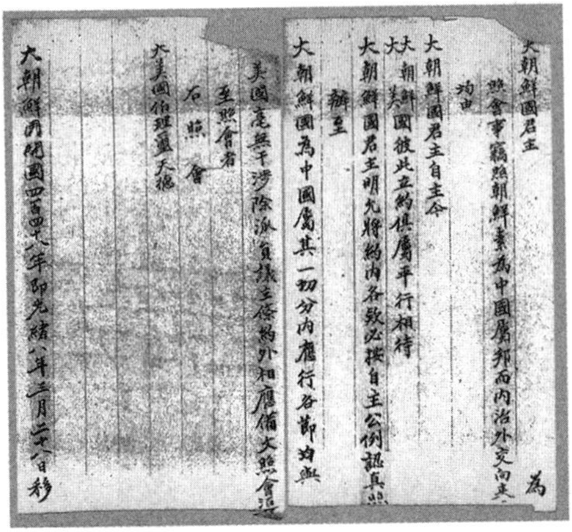
大朝鮮國君主　為
照會事竊照朝鮮素為中國屬邦而內治外交向來
均由
大朝鮮國君主自主今
大朝鮮
大美國彼此立約俱屬平行相待
大朝鮮國君主明允將約內各款必按自主公例認真照
辦至
大朝鮮國為中國屬邦其一切分內應行各節均與
大美國毫無干涉除派員議立條約外相應備文照會須
至照會者
右照會
大美國伯理璽天德
大朝鮮開國四百九十一年即光緒八年三月二十八日移

給美國的照會（複本）

同意擬定照會。

馬建忠表示自己「懷柔之中寓震聾之意」，也就是獎懲兼施。照會內容也忠實呈現上述內涵。他認為應該揭著「屬國」與「自主」的旗幟，讓「屬國」成為事實，使「自主」流於形式，因為「自主」違反清朝利害關係，絕不可實現。

馬建忠在朝鮮直接面對日本的威脅。此種威脅並非清朝多年來感受到的模糊整體情勢，以及日本的軍事力量，而是日本對朝鮮在地與政治的影響。他認為朝鮮官員態度狡猾傲慢，全因日本影響所致，具體而言，是花房義質的關係。

馬建忠在摸清敵方日本與朝鮮的關係後，確定此種關係與清韓關係互相牴觸。別說日本，就連朝鮮也不再「恭順」，事情並不樂觀。因此，他一方面排除日本的影響，一方面強化清韓關係，為照會內容賦予全新意義。

照會之原本目的是確立「屬國自主」，因為西方各國並不瞭解此種概念。對清朝來說，「屬國」當然是主要考量。然而，清廷與李鴻章當初既未清楚意識到這一點，也未考量「屬國」與「自主」的意義與相互關係。馬建忠在朝鮮當地，處理與「屬國」概念背道而馳的事件時，同時賦予「屬國自主」明確的意義與方向。

❖ 壬午事變

朝鮮簽署《朝美修好通商條約》後，不久也陸續與英國、德國簽訂條約。條約內容多半與《朝美修好通商條約》無異，均附上「屬國自主」的照會。馬建忠再度出使朝鮮，見證雙方簽約。

朝鮮與西方各國簽訂條約，因此必須在條約生效時立即反應，事先整頓朝鮮的狀態。馬建忠除了奉命前往朝鮮以外，還端出具體策略。然而，條約生效前卻發生了意外的大事，也就是壬午事變。

西元一八八二年七月二十三日，壬午事變爆發，其開端為朝鮮舊軍暴動，但這並不只是一場暴動。暴民襲擊朝廷、殺害高官，顛覆閔氏政權，退居幕後的大院君李昰應再度掌握實權。暴動發展成為了政變。

不僅如此，攻擊的矛頭還指向日本公使館。他們殺害了數名日本人，驅逐日本公使花房義質，演變為日本與朝鮮之間的嚴重外交問題。

花房義質大難不死，回到日本，日本政府命他率領四艘軍艦、三艘運輸船，以及陸軍一營，再度前往朝鮮。除了保護日僑，以及追究朝鮮政府的責任之外，也一併要求朝鮮答應至今懸而未決的通商規則。

因此，清朝也認為壬午事變事關重大，不再只是屬國內亂。朝鮮至今仍受制於日本武力，可能臣服日本。此事若是成真，清朝在日本併吞琉球後，一直擔心的事件就會發生。清廷危在旦夕，因此馬上派遣馬建忠赴朝鮮，率軍三千人牽制日本行動，鎮壓朝鮮內亂。日本與清朝的軍隊相繼前往漢城，稍有差池，就會演變為一場大戰。

❖ 壬午軍亂善後與日本及清朝

花房義質於八月十二日抵達濟物浦。為制止朝鮮的行動，花房義質於八月十六日率軍進入漢城。大院君雖接見日方，卻不接受他們的要求。

花房義質對朝鮮的態度感到不滿，認為「可使出最後手段」，因此發出最後通牒，於八月二十三日撤出京城。大院君擺出此種態度，是期待清朝出面調停，但實際上卻使緊張情勢突然升高。

此時，馬建忠展現出了優秀的政治手腕。日本雖然佔得先機進入漢城，但馬建忠仍與朝鮮政府的重要人士密切聯繫，詳加瞭解情勢。花房義質與大院君談判破裂，馬建忠眼看機不可失，趁日軍撤退時入京，勸誘大院君，強制押送至中國。此時為八月二十六日。

此外，除了讓朝鮮政府與日本立刻開啟談判，也發動攻擊打敗舊軍，閔氏政權重回執政。於是，日本與朝鮮在八月三十日，簽訂《濟物浦條約》與《日朝修好條規》續約，成為未來日本與朝鮮關係的規範基準。

雙方簽署《濟物浦條約》後，日本暫且罷休。朝鮮大致接受賠款與開港等要求，最重要的是，日本曾擔心清朝插手，但清朝並未介入，而由日本與朝鮮直接談判，產生最後結果。對日本來說，朝鮮就如《江華條約》所規定，以「自主」方式和日本「平等」談判。然而，這卻僅是表象。

馬建忠在朝鮮時，並非只是袖手旁觀日本與朝鮮談判。他針對日本的要求，逐條詳細指示朝鮮全權大臣金弘集，但自己絕不出面。日本認為朝鮮為獨立國，因此權宜之下，朝鮮名義上對外必須維持「自主」，才能限制日本武力。

此外，關於挾持大院君與討伐舊軍，馬建忠也獲得朝鮮國王及政府重要人士首肯，從一開始就打算公然干涉朝鮮內政。清朝完全視朝鮮為屬國，因而採取此種行動。

馬建忠的行為模式，讓「屬國」成為事實，而「自主」則流於名目，這就是他定義的「屬國自主」。馬建忠依照自身想法，採取上述行動。這麼一來，就表示他的方針，不只能夠用來處理壬午事變。

❖ 善後措施與「屬國自主」

壬午事變爆發前，馬建忠活用兩次擔任朝鮮奉使的經驗，依自身想法制定具體朝鮮政策。然而，於即將上呈給朝鮮國王與上司李鴻章時，卻發生了壬午事變，他的計劃只能喊停，再度前往朝鮮。因此，馬建忠認為壬午事變在告一段落後，就能繼續執行計劃。

西元一八八二年九月七日，馬建忠回到天津，朝鮮政府派遣的謝恩兼陳奏使趙寧夏以及副使金弘集與他同行。朝鮮與西方各國簽署條約時，這些人物均參與其中，於壬午事變時也密切合作，與馬建忠相當親近。其中，趙寧夏出身名門，是高宗嫡母神貞大王大妃趙氏的姪子。

表面上，他們的使命是前往北京，向平定壬午事變的清朝皇帝「謝恩」，並「陳奏」大院君歸還朝鮮一事，但實際目的卻是與北洋大臣李鴻章會面，針對開港後朝鮮的對外關係以及清韓關係進行協議。

從九月初到十一月底，趙寧夏不斷與李鴻章及其屬下馬建忠等人會談。會談結果決定清朝借款、設置海關，以及開礦等事務，此外，也僱用參與此事的外國顧問穆麟德（Paul Georg von Möllendorff）與華人員工。十二月三日，他們與趙寧夏等人一同回到朝鮮。

趙寧夏

關於此事經過，協議雖由趙寧夏提出，但實際制訂計劃的人，卻是馬建忠。馬建忠提供計劃原案給朝鮮，假借為朝鮮自願提議，讓朝鮮依照清朝指示行動，朝鮮的「自主」就此流於形式。

借款與開礦由李鴻章轄內的近代企業「輪船招商局」接手，設置海關則由李鴻章與馬建忠推薦的穆麟德負責。馬建忠分身乏術，無法派駐朝鮮，因此由兄長馬建常代為赴任朝鮮，擔任朝鮮國王顧問。

以結果而論，這些政策之目的是加強朝鮮從屬清朝的程度，讓「屬國」成為事實。馬建忠處心積慮，由朝鮮自行提案，「自主」選擇成為清朝「屬國」。

馬建忠預設的對手當然是日本。開礦原為日本鎖定的優惠利益，日本在《濟物浦條約》得到的賠款，也可作為借款使用。新設立的海關徵收關稅，則可用於擔保借款。借款、設置海關與開礦三位一體，成為對付日本的武器。清朝擔心日本與朝鮮通謀，因此馬建忠在《朝美修好通商條約》簽訂時，做出了以上回應。

❖「屬國自主」與朝鮮從屬化

當然，此事不僅限於三國之間。與此同時，清朝與朝鮮訂定的《中朝商民水陸貿易章程》，便直接明文規範。

這份貿易章程認可清朝與朝鮮的海陸貿易，同意雙方派駐商務委員（領事），內容是對清朝有利的不平等條約。不僅如此，清朝還特地將此規範稱為「章程」，不使用「條約」，表示這是宗主國與屬國的行政協定。另外，條約前文還特意聲明「朝鮮久列藩封」。

馬建忠負責談判與簽署。他表示：

本次訂定之貿易章程，實質上與對等各國之間的條約不同。若擔心朝鮮要求比照他國，可在前後加上「朝鮮久列藩封……惟此次所訂水陸貿易章程系中國優待屬邦之意，不在各與國一體均霑之列」。朝鮮若要求本章程比照他國條約，即暗自希冀與清朝對等，僅畏懼日本，而不懼怕清朝。（《清季中日韓關係史料》）

由此可看出，他的目標是讓朝鮮從屬化，且預設的對手是日本。

西元一八八二年底，朝鮮名副其實踏上開國與開港之路。閔氏再度掌權，朝鮮與西方各國及日本締結條約，重新推動開化政策。「衛正斥邪」派的聲音消失，朝鮮全國也撤去「斥和碑」。至少在政府層級，完全否定並敵視西方的攘夷行動，已逐漸減少。

然而，清朝仍主張「屬國自主」。壬午事變告終，清朝依然派出三千人軍隊駐留朝鮮，並盤算各種讓朝鮮從屬化的方式，朝鮮的開化政策，仍舊受到清朝影響。

因此，不論是清朝的對手日本，還是西方列強，都對清朝標榜的「屬國自主」抱持疑慮。不僅如此，朝鮮也無法接受「屬國自主」的內容。上述疑慮以及因此引發的行動，即將嚴重影響東亞情勢。

第三章

「屬國自主」的發展

一、朝鮮追求「自主」

❖ 朝鮮與歐美的條約

西元一八八二年九月七日，朝鮮國王高宗任命朴泳孝——前任國王哲宗的駙馬——為修信大使，出使日本。此時，馬建忠與趙寧夏一行人剛好抵達天津。根據《濟物浦條約》第六條的謝罪條款以及《日朝修好條規》的交換使節條款，朝鮮應派遣使節赴日。赴日一行人當中，由曾經滯留日本的金玉均擔任顧問，王妃的外甥閔泳翊也一同隨行。九月二十一日，他們和花房義質一起離開朝鮮，於十月十三日抵達東京。

朴泳孝一行人，不僅是日朝交流的官方人員，也肩負國王高宗詳細指示的任務。他們向美國、英國與德國駐日公使提出要求，批准先前簽訂的條約。

這些條約在壬午事變前早已簽訂。由於壬午事變事發突然，國家進入緊急狀態，可能使外國對朝鮮的對外態度抱持疑問。因此，他們必須向各國傳達意願，表示朝鮮政府對條約關係的態度並無改變，並請他們認可先前締結的條約。

若只是事務性傳達消息，前往中國的趙寧夏等人，亦可通知駐北京的外國公使，筆者也無須在此特別探討。但其中必須注意的是，朴泳孝提出要求時的論點。

英國駐日公使巴夏禮（Sir Harry Smith Parkes）仔細留下了書面記錄，回報英國外交部如下。

首先，閔泳翊針對馬建忠挾持大院君一事，有以下評論：

對朝鮮而言，除掉大院君雖不是壞事，但此種做法簡直是國恥。清朝並未擁有干涉朝鮮內政的權力。

他也強調照會主旨「內治外交向來均由朝鮮自主」，指出：

朝鮮對清朝的朝貢關係，僅為標準禮儀，清朝從未干涉朝鮮內政。清朝近期行為已違反舊例。

朴泳孝

閔泳翊

最後，他也表示「朝鮮人無法接受清朝的干涉」。

接著，正使朴泳孝指出：

……統治本國人民不需軍人，因此朝鮮未設置軍隊。現在的朝鮮，卻因此受清朝掌控，無法抵抗。西方各國與朝鮮締結條約，朝鮮向締約國元首送出親筆信，表示朝鮮雖為清朝屬國，但內政與外交皆為自主。清朝亦完全同意朝鮮國王的獨立地位。然而，清朝現在卻插手干涉朝鮮內政、外交等各種事務，強奪朝鮮國王主權，侵犯政府行動之自由。

由上述言論，可瞭解兩人想法相同。

朝鮮確實「獨立」，並非從屬於清朝，因此壬午事變後，清朝對朝鮮所做的行為是「干涉」，令朝鮮忍無可忍。此外，他們以政府代表身分，對外國使臣如此述說，表示這些言論並非個人想法或理想。

朴泳孝、閔泳翊與金玉均異口同聲，對他們來說，照會已確立朝鮮的「獨立地位」。此外，由於朝鮮目前軍事力量較弱，因此遭清朝過度干涉。所以，朝鮮應即早與西方各國直接交流，此事若能實現，朝鮮的自主就能夠得到承認，不尊重朝鮮的國家也會逐漸減少，導正不公平的現狀。這是他們的希望與期盼。

美國不久後批准《朝美修好通商條約》，因此必須回應朝鮮的要求。英國與德國不滿意關稅稅率等條件，須等待兩國批准已簽署的條約，於西元一八八三年重新與朝鮮締約。隔年，朝鮮也和俄羅斯締結條約。

清朝並未插手朝鮮與上述三國的條約，而是由朝鮮政府與各國全權使節，在漢城直接交涉與簽署。朝鮮終於行使照會上的「外交自主」權，站穩「獨立地位」。

金玉均

❖甲申政變之路

但即便如此，清朝施加的壓力並未減輕。清朝的看法與朝鮮相反，認為照會證明朝鮮為清朝「屬國」，因此朴泳孝與金玉均等人聲稱的「過分干涉」，對清朝來說只是正當行使權力。

在這方面，清朝當然不可能顧慮朝鮮的意向與行動。至少，清朝並未停止「干涉」朝鮮。

由於清朝的態度，朝鮮被迫以更明確的動作回應。攘夷已不在討論範圍內，開國的既定路線已無法回頭。但即便如此，仍不代表「開化派」贏得勝利。推廣開化路線時，眾人意見因延續或反對清朝方針而產生分歧，導致內部分裂——也就是事大黨與獨立黨，或者稱為穩健開化派與激進開化派，兩者互不相讓。

壬午事變後，朝鮮派往清朝的趙寧夏等人為事大黨，或是穩健開化派；派往日本的朴泳孝與金玉均等人，則屬於獨立黨，或是激進開化派。此種情況相當有趣。究竟他們是因為本身任務與角色，才選擇自身立場，還是因為個人志向與政見，才分配到這些任務呢？我們雖無法確切瞭解，但筆者認為應是兩者交錯，互為因果。

簡單來說，西元十八世紀以前，朝鮮與清朝的宗屬關係，以及朝鮮對日本的交鄰關係，剛好可以對應到西元十九世紀末，條約與照會上的「屬國」與「自主」概念。朝鮮官員即根據「屬國」與「自主」，分裂為事大黨與獨立黨。

以當時黨爭的觀點看來，閔氏政權重要人士多為事大黨，佔得優勢；獨立黨則處於完全劣勢當中，其所策劃的制度改革與借款等行動，都未奏效。

對他們來說，除了清朝壓力以外，同意並迎合清朝觀點的事大黨，才是一切的元凶。於是，兩者對立迅速加深，金玉均於西元一八八四年十二月四日，與同志朴泳孝決定發起政變，即甲申政變。

❖朝鮮的對外態度

於甲申政變中，獨立黨殺害政府重要官員，控制王宮，獲得朝鮮國王高宗的支持後，奪取政權。政變爆發後才三日光景，袁世凱就率領一千五百名清軍介入，獨立黨勢力不幸潰敗，金玉均與朴泳孝亡命日本。

這場三日分天下的失敗政變，從一開始就是國際問題，與日本及清朝脫不了干係，不單只是朝鮮國內的奪權政變。政變與日本公使館有關，清軍對日本公使館發動攻擊後，政變才告終。此外，由政變經過也可瞭解，此事反映出朝鮮對外態度的搖擺。

事大黨與獨立黨兩相對立，朝鮮整體的對外態度也相當分歧。舉例而言，與王室親近的趙寧夏與朴泳孝，分屬兩個黨派，兩人因立場與政見不同，產生隔閡。此種狀況應不難理解。

不僅如此，政府派出閔泳翊，也就是閔氏的希望，隨朴泳孝、金玉均等人出使日本，譴責清朝，呼籲朝鮮「獨立」。然而，閔泳翊隔年出使美國後，卻成為事大黨領袖。閔泳翊在兩方之間搖擺，但他並未突然顛覆自己的政見。

如上所述，他們的政見並非分裂為兩極，而是由同一想法，產生不同意見，在兩極之間擺動。從「穩健開化派」以及「激進開化派」的名稱，也可窺見此種狀況。除「開化」之外，朝鮮的對外態度擺動幅度雖大，卻也同樣存在基本軸心與定點。也就是照會所寫的「朝鮮為清朝屬國，內政外交由朝鮮自主」。

事大黨與穩健開化派的魚允中[1]表示：

朝鮮可謂自主，卻非獨立。自清朝建立，朝鮮即遵奉清朝正朔。如何可說朝鮮獨立？（《清季中日韓關係史料》）

1〔譯註〕：魚允中（1848-1896），朝鮮王朝後期大臣，穩健開化派的代表人物之一。西元一八九四年，他在金弘集內閣擔任度支部大臣，參與日本主導的甲午更張。西元一八九六年，親俄派發動政變，推翻金弘集內閣，他在回鄉避難的路上遭群眾殺害，得年四十九歲。

魚允中

上述言論雖反駁朝鮮「獨立」，但仍保留「自主」，且認為將清朝「奉為正朔」僅是禮儀，日本人評價朝鮮時應著重於此種解釋。

關於此事，獨立黨與激進開化派的尹致昊則有下列看法：

我國與英美等國締約之日，即刻成為獨立國家。世上未有與屬國簽訂平等條約的道理。（《尹致昊日記》）

尹致昊認為「自主」即為「獨立」，「世上」，也就是在我們的定義當中，皆否定「屬國」概念。

在瞭解雙方說法後，可看出雙方均同意朝鮮「自主」，但對「屬國」卻有不同想法。兩方對清朝的態度不同，意見也兩相分歧。

尹致昊

❖政變前後的探索

照會雖記載為「屬國」，但就如閔泳翊對巴夏禮所述，具體內容僅為朝貢等「標準禮儀」，不代表朝鮮直接從屬於清朝。這也是朝鮮全體人民的共識。

然而，清朝卻以屬國為藉口，對朝鮮施壓。在此種情況下，朝鮮應該勉強接受清朝的壓力，還是完全拒絕呢？發動甲申政變的金玉均等人，選擇了第二條路。

決定發動政變的隔天，西元一八八四年十二月五日，他們組成新政府，發表改革方針宣言。宣言第一條即要求大院君歸國，並附記「朝貢虛禮，議行廢止」。為斷絕清朝施加的壓力，就必須否定清朝的藉口，也就是「屬國」與「朝貢虛禮」。他們深刻瞭解其中關聯，因此發表上述宣言。

欲採取此種方式，就得正面迎擊清朝。一如預期，他們與清朝產生衝突，此種直接且激進的方式，也以悲劇性的失敗告終。過於極端的手段，與現實相互衝突，因此絕不可能成功。

即便如此，只要朝鮮仍維持「自主」，就不會無條件屈服在清朝壓力下。

與清朝外派官員過於緊密合作的方案，朝鮮政府絕無法安然接受。這是因為李鴻章在甲申政變過後，任命年輕氣盛的袁世凱為清朝代表，派駐朝鮮，由他護送扣留在中國的大院君回國。清朝壓制朝鮮政府的意圖更加明顯。

拜清軍所賜，閔氏再度掌權。然而，由於清朝把持閔氏仇敵大院君，因此閔氏也無法掩飾對清朝的厭惡與警戒。這段時間，穩健開化派的金允植與金弘集等人，與清朝關係太過親近，因此不受重用。朝鮮政府開始摸索除了反清與親清以外的「自主」路線。

自此之後，清朝與朝鮮的關係逐年惡化，終於產生危機。西元一八八六年，傳言朝鮮與俄國簽訂密約，受俄國保護。隔年，朝鮮不顧清朝反對，任命常駐全權公使派駐歐美，兩國因此爭論不休。再過一年，朝鮮直接與俄國簽訂陸路通商條約，密約之事甚囂塵上。

兩國對立之時，朝鮮政府的外國顧問，與所有事件均脫不了干係，並扮演重要角色。我們甚至可以說，從他們的言論與行為，即可看出當時朝鮮政府的意圖。

德尼

❖ 德尼赴任

西元一八八〇年代，朝鮮政府主要有兩位外國顧問，穆麟德與德尼（Owen Nickerson Denny）。穆麟德是德國語言學家，德尼則是美國律師，兩人幾乎毫無共通之處。然而，他們的經歷卻十分相似。穆麟德與德尼都曾經以外交官的身分派駐中國，也都和李鴻章相當親近。

如上所述，壬午事變漸息，馬建忠提議清朝派遣外國顧問至朝鮮。無論是一開始的穆麟德，還是繼任的德尼，都由李鴻章推薦，擔任清朝的代言人。然而，穆麟德與德尼最後都與清朝針鋒相對，其原因即為當時的清韓關係。

容筆者稍後討論穆麟德。因為自西元一八八六年到一八九〇年間，撰文闡述朝鮮主張與態度的人物，即為德尼。

德尼生於美國俄亥俄州，年少時搬到奧勒岡州後，便一直居住於此。他原為奧勒岡州法院的法官，後以領事身分赴任中國。他一開始擔任天津領事，後來被拔擢為上海總領事。此時，他也逐漸與李鴻章熟稔。

西元一八八三年底，德尼離開中國，回到波特蘭家中居住。隔年七月，天津拍電報邀請德尼。德尼允諾後，於同年年底由美國出發，他先與李鴻章開會，接著在一八八六年三月底赴任漢城。

德尼熟悉法律，李鴻章對他寄予厚望。西方各國對清韓關係抱持疑慮，為防患未然，特別需要國際法的相關知識。德尼原應與先前派遣至朝鮮的袁世凱互相搭配，將朝鮮政府導向清朝預設的道路。

然而，德尼對此任務的認知，是否與李鴻章的盤算相同，就是另一個問題了。西方各國與朝鮮政府當然不這麼認為，德尼本人也是如此。

德尼就任不久，即發現袁世凱專橫霸道。只要有機會，袁世凱就出手干涉朝鮮內政與外交，除此之外，袁也默許並鼓勵走私等華人的非法行為，還威脅朝鮮國王地位，其不當之行為罄竹難書。

德尼不斷要求清朝更換人選，甚至嘗試與李鴻章直接交涉。因為他認為自己的責任，是壓制袁世凱的暴政。

❖《清韓論》

德尼在兩年任期間，與袁世凱水火不容，任期即將結束時，德尼下定決心，公開發表文章，批判清朝的朝鮮策略，寫成《清韓論》（*China and Korea*）。《清韓論》是本手冊，或多或少是傳遞某些思想的媒介，也是德尼單方面的主張。然而，《清韓論》的內容，除德尼的主張外，也表達出朝鮮所期望的國際地位，因此值得細細解讀。以下是《清韓論》的節錄重點：

國際法同時也關心弱小國家，朝鮮苦苦奮鬥，維持獨立國家地位，國際法應將此國納入考量。幾世紀以來，朝鮮皆蒙上神秘面紗，隱遁於世，西方列強應將朝鮮拉出泥淖，在朝鮮受到壓迫與不當對待時，予以援助，讓朝鮮加入文明國家之列。朝鮮進入國際社會若遭扼殺，等同於打破國際法約束。西方列強絕不可坐視不管。

他認為西方各國與朝鮮締結條約，表示國際皆承認朝鮮「獨立」，此外，

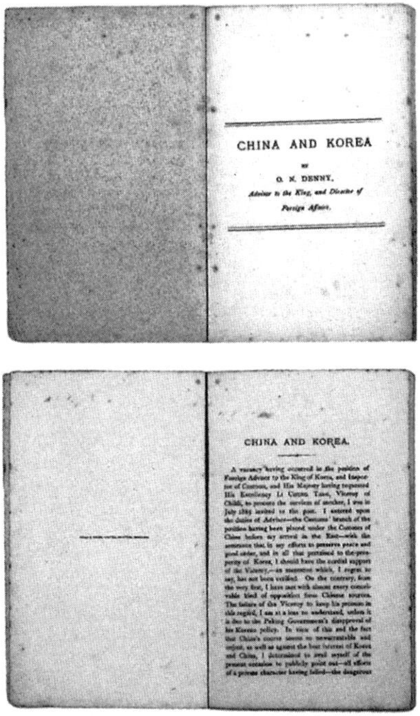

《清韓論》

朝鮮貫徹「獨立」狀態的行動，在國際法是正當行為，反之，國際間不可容忍妨礙朝鮮「獨立」的行為。德尼的想法與尹致昊一致。

此外，他也不僅強調朝鮮「獨立」：

然而，朝鮮為清朝之朝貢國。過去，朝鮮誠心誠意維持朝貢關係，只要清朝對朝鮮友好，並以正當方式對待，朝鮮皆由衷期望維持雙方關係。即便如此，某國與其他國家之間的朝貢關係，既不該、也不能影響其主權與獨立之權利。因此，朝鮮每年進貢清朝皇帝的行為，不可傷害朝鮮國王的主權與獨立性。

他不僅承認朝鮮與清朝的朝貢關係，還表示朝鮮願意維持此種「傳統關係」。魚允中強調的清韓關係現狀，德尼並未表示否定。

然而，清韓關係不可抵觸國際法的「獨立」。他引用美國律師惠頓（Henry Wheaton）的《萬國公法》（*Elements of International Law*），以此為證，表示朝鮮之態度與行為並未脫離國際法範疇。清韓關係惡化，是因為「不斷受到清朝的非法與高壓統治，清朝執意併吞朝鮮，蓄意破壞朝鮮主權」，所以朝鮮不須為此事負責。

❖德尼的理論

《清韓論》之理論相當明確。接著，我們再次回到「屬國自主」。《清韓論》之理論基礎，來自朝鮮國王寫給美國總統的照會，此論點與朝鮮政府立場完全一致。德尼對這一點也相當清楚，他透過《清韓論》，為當時朝鮮的態度與主張發聲，意圖相當明顯。

德尼是美國人，當然以照會的英文譯本為準，用英語思考。「屬國」的英譯為「a state tributary to China」，「自主」則是「full sovereignty」。他以上述專業術語為基礎，援引國際法，得出「朝貢國等於獨立國」的結論。

因此，以中文的「屬國」為例，若將屬國當成附庸國「vassal state」，或以對待附庸國的方式對待屬國，不僅是天大的誤會，也是違法行為。反之，只要朝鮮維持朝貢等禮制關係，就不違背照會所強調的「屬國」關係。

壬午事變後，朝鮮政界著手處理「屬國」與「自主」概念，分裂為事大黨與獨立黨，兩派勢如水火，在兩個極端之間擺蕩。甲申政變發生後，後者的方針主要是要求大院君返國，前者則逐漸消失。

因此，剩餘的朝鮮政界人士，對於「屬國自主」自成一套定義，《清韓論》出版後，此種定義又更加明確。「屬國」的內涵是禮制性朝貢，「自主」則符合國際法明定的「獨立」。屬國與自主的定義，脫不了上述範疇。

《清韓論》以英文寫成，主要閱讀對象為外國人，目的是向外國闡述朝鮮現況。不過，德尼既然希望出版《清韓論》中文版，因此批判清朝也是其目的之一。清朝與李鴻章早就發現德尼的意圖，不但譴責德尼與《清韓論》，延長德尼僱用契約的朝鮮政府，也遭到遷怒。清朝當然對德尼的行徑感到不悅，但朝鮮庇護並放任德尼作為，則更加不可饒恕。

李鴻章將德尼派至朝鮮，目的是讓朝鮮遵循清朝的規劃，但德尼當時的作為，卻與其原始計劃完全相反。不僅如此，德尼赴任朝鮮後，還和當地的袁世凱兩相對立，甚至出版《清韓論》，對李鴻章而言，實在非常諷刺。因為德尼與李鴻章的基本認知，從當初就存在極大鴻溝。

這條鴻溝不僅存在於李鴻章與德尼之間，也橫跨於清朝與朝鮮政府之間。閱讀《清韓論》後，朝鮮態度更加明確。與朝鮮對立的清朝，對此有何感想？關於這一點，我們得再追溯更早之前的事件。

二、清朝追求「屬國」

❖清朝與甲申政變

清朝在壬午事變之後的動向，一言以蔽之，就是馬建忠定義的「屬國自主」，持續推動「屬國」實體化。然而，此事卻不順遂。代替弟弟馬建忠赴任朝鮮的馬建常，不到一年旋即歸國；且英德兩國直接與朝鮮重新簽訂條約，清朝的盤算遭朝鮮與外國默默抵制，計劃進行得跌跌撞撞。

即便如此，甲申政變前，清軍仍駐紮漢城，朝鮮與清朝聯手的政治勢力也佔上風，因此仍依計劃推動既定方針。經過甲申政變與一連串事件後，才轉變情勢。

甲申政變以失敗告終，但清朝的計劃已無法恢復過去狀態。朝鮮親日勢力瓦解，受政變打擊的親清勢力也一蹶不振，朝鮮未來走向不明。

清朝政策方針的基礎，就是他們對日本的戒心。朝鮮若成為琉球第二，遭日本併吞，將對清朝國安產生重大威脅。清朝因此敦促朝鮮與西方各國簽訂條約，明文規定「屬國自主」。此事預設的目標即為日本。

因此，甲申政變爆發，導致日本勢力減弱之前，整體情勢仍與清朝盤算相去不遠。可惜的是，朝鮮在不久後展開出乎意料的行動，與俄國合作。此事由朝鮮的外國顧問穆麟德主導。

❖穆麟德與朝俄密約

穆麟德出生於柏林北邊的策德尼克（Zehdenick），於哈雷大學研究東方學與語言學，西元一八六九年前往中國，任職於由西方人管理的清朝海關。西元一八七四年，穆麟德晉升為德國駐天津領事館副領事，因此熟識李鴻章與馬建忠。然而，他與日本也相當熟悉的北京駐外公使巴蘭德（Maximilian August Scipio von Brandt）不合，於西元一八八一年辭去副領事職務。隔年七月，清朝向他詢問赴任朝鮮的意願，之後便前往朝鮮。

穆麟德在朝鮮擔任海關主管，同時兼任等同於外交次長的職務，一手包辦貿易事務與外交談判。另外，他也負責相關經濟與教育事務，相當活躍。

然而，關於鑄造新貨幣以及關稅收入等任務，穆麟德與金玉均意見不合，因此與獨立黨成為政敵。所以，當甲申政變爆發時，他也率先抵制金玉均等人。

穆麟德雖抵制親日的獨立黨，卻不代表他是親清派。無論政敵是否親日，

穆麟德

他與金玉均同樣都認為，清朝對朝鮮施加了不當壓力。穆麟德受清朝所託，擔任朝鮮外國顧問。但就他本身的理解，清朝將朝鮮當作「朝貢國」，且「朝貢國之內政，應完全脫離清朝控制」。

關於此事，除金玉均外，先前提到的德尼也持相同立場與觀點。不過，他們周遭的情況，以及採取的手段，卻大異其趣。

當時朝鮮打破過去慣例，與許多國家結交。穆麟德負責外交實務，他希望朝鮮建立對外關係，抵擋清朝壓力。他在各國之中，選中了俄羅斯。

日本與清朝因甲申政變產生軍事衝突，伊藤博文與李鴻章談判後，雙方同意由朝鮮撤軍。西元一八八五年四月，兩國締結《朝鮮撤兵條約》（又稱《清日天津會議專條》）。此時，穆麟德為朝鮮制定計劃，預計由俄國招募軍事教官，私下與俄國達成共識。然而，他的目標不限於聘用軍事教官。他也希望朝鮮可受俄國保護，抵禦清朝勢力。

清朝發現穆麟德招聘俄國軍事教官的計劃後，立刻瞭解此事違背清朝利益。穆麟德背棄清朝信任，清朝大動肝火，將他革職，史稱「第一次朝俄密約事件」。

密約雖未實現，卻造成不小衝擊。朝鮮半島的國際情勢，過去由日清韓三國之間的關係組成，但俄羅斯加入戰局，使情況更加複雜。此事演變為不只增加俄羅斯一國，還牽動其他國家，產生全新關聯。此時，對俄國懷有戒心的英國，未經同意佔領朝鮮的巨文島，即為一例。

事已至此，清朝已不能只將日本當成唯一的對手，而必須也將各國動向納入考量。不過，首先得先確定朝鮮動態。這才是清朝突然開始改變朝鮮政策的原因。

❖ 袁世凱登場

正值二十七歲的袁世凱，此時開始嶄露頭角。袁世凱後來成為中華民國第一任大總統，但他在壬午事變時，還只是清朝派往朝鮮軍隊的參謀之一。他隨後派駐朝鮮，於甲申政變時，果斷且迅速地進行攻擊，立刻讓政變化為烏有。此事件後，他的能力受李鴻章大力肯定。

西元一八八五年九月，袁世凱護送大院君回到朝鮮，短暫回國後，清朝又

袁世凱

在十一月派他駐紮漢城，總理朝鮮通商交涉事宜。爾後十年，袁世凱都以清朝代表的身分，與朝鮮政府抗衡。

袁世凱是位年輕軍人，思考與行動均相當直接與仔細。他將大院君送回朝鮮時，向朝鮮國王高宗提出一份意見書。這份意見書名為《摘奸論》，意思是舉發與驅逐奸惡之人。這篇文章除袁世凱自身認知外，也直言不諱表達當時清朝的立場。

他在開頭說道：

聞有人密告，朝鮮政府引俄人保護，則他國不敢侮。

這句當然是指穆麟德的朝俄密約。接著，他反駁此意見表示：

今俄人不曰屬有朝鮮，而曰保護朝鮮，易其名以欺朝鮮。而巧飾其辭，謂他國不敢侮朝鮮。藉保護之名，以肆其蠶食鯨吞之計。

隨後，他慎重表達清朝立場：

夫保護之權，惟上國有之，壬午、甲申兩次戡亂，是其明征。

主張唯獨「上國」清朝才具資格擁有朝鮮的「保護之權」。此外，袁世凱也指出：

清朝屬國內政外交皆為自主，西洋則不然。除徵收年金，內政外交皆不可自主，財產收歸宗主國所有。

他比較清朝「屬國」與西方藩屬國的情況，逼迫朝鮮做出決定。《摘奸論》開頭的「保護」與結尾的「屬國自主」是重點所在，兩者緊密聯結。由上述兩大論點，可窺見當時清朝的態度。

❖清朝的論點與袁世凱的任務

在此之前，清朝並未明確提出對朝鮮的「保護」權。西元一八七一年，辛未洋擾爆發，當時朝鮮要求清朝庇護，但清朝反而感到相當困擾。清朝並不希望捲入朝鮮的紛爭，因此對「保護之權」持保留態度。此事即便不明確表示，也不言自明。是否行使此種「權力」須由清朝決定，不容他國置喙。

清朝此時特別指出「夫保護之權，惟上國有之」，是因為現狀除了「上國」以外，其他國家也有保護朝鮮的權力。

換句話說，正是因為朝鮮受俄國「保護」，清朝才突然意識到「上國」固有的「保護之權」。清朝過去認為理所當然的事，卻招來糾紛，因此再次體認到「保護」的重要性。自此之後，清朝便積極「保護」朝鮮。

另外，「屬國自主」則沿用清朝一直以來的定義，是確保清朝擁有「保護之權」的一大前提。總而言之，清朝的重點是「上國保護屬國」。

具體來說，必須先讓俄國等西方國家認同清朝對朝鮮的「保護」權力。因此，清朝必須讓西方國家瞭解清韓之間的「屬國」關係。所以，清朝才任命熟悉法律的德尼，擔任朝鮮政府外國顧問。不料卻適得其反。

此外，朝鮮不仰賴清朝「保護」，即為破壞「上國」與「屬國」關係，表示朝鮮國王先前認可的照會出爾反爾。內政外交「自主」本應只是名義上認同，但朝鮮卻以此為基礎爭取自主，所以必須壓制此種行為。

這就是袁世凱的任務。他的身分是「總理朝鮮通商交涉事宜」，等同於公使等級的外交官。然而，他卻不與他國公使一同行動。袁世凱職稱的英譯是「Resident」，這個頭銜仿效英國駐英屬印度的「參政司」，目的是向西方各國暗示，自身為宗主國派駐屬國的代表，朝鮮受清朝保護。

袁世凱的名片。
姓名左方寫著
「H.I.C.M. Resident」。

袁世凱對待朝鮮政府的態度，更是大膽。從一開始，袁就極度不信任閔氏政權。原因是清朝釋放大院君，由袁世凱護送回國，但閔氏卻馬上軟禁大院君。袁世凱對閔氏的不信任，立刻成為現實事件。西元一八八六年八月，朝鮮國王再次尋求俄國保護，也就是「第二次朝俄密約事件」。

此事真相目前仍無定論。但從當時就有一種說法，認為這是袁世凱的策略。無論如何，袁世凱以此契機向李鴻章進言，建議清朝派兵朝鮮，廢黜國王高宗。

袁世凱的策略雖未獲採納，但之後他仍認為朝鮮以「自主」名義擅自行動，批評朝鮮的行為不是「屬國自主」，而是「斥華自主」與「背華自主」，背叛清朝「自主」行動，因此大力鎮壓。袁世凱不斷出手干涉朝鮮原本「自主」的內政外交，西元一八八七年，甚至還再度計劃廢黜高宗。袁世凱與德尼因此勢不兩立，德尼才公開發表《清韓論》。

袁世凱精力旺盛，欲清除前方所有阻礙。美國駐朝鮮臨時代理公使海軍佛克（George Clayton Foulk）批判袁世凱，並與高宗關係良好，袁世凱擔心二人通謀與清朝作對，因此相當排斥佛克；此外，袁也認為朝鮮政府派遣歐美常駐公使，會對清朝不利，千方百計妨礙此事，因而引發爭論。袁世凱的上司李鴻章雖訓斥他不可過於躁動，但並未換下袁世凱，因為其角色不可或缺。

袁世凱最堅實的後盾，就是「屬國自主」之照會。所謂的「屬國」，意義不僅限於朝貢等禮制關係。然而，只要他預期的「保護」以「屬國自主」為基礎，此事就與過去的宗屬關係及傳統禮儀密不可分。他向西方各國與朝鮮政府呼籲上述論點，但沒有證據，也無法正當化自己的行為。不過，他很快就有機會可以證明其論點了。

❖ 諭祭使節

西元一八九〇年六月四日，朝鮮神貞大王大妃趙氏以八十三歲高齡辭世。她是朝鮮國王高宗的母后，也是歷經四朝的元老，更是擁戴高宗為王的最終決策者。這號重要人物逝世，對朝鮮國內外都造成相當大的影響，對於清韓關係亦然。

按舊時宗屬關係，屬國國王駕崩，依禮儀慣例，上國天子須派遣使節，降下弔祭諭旨。趙氏雖非國王，卻是國王親屬，因此也會派遣諭祭使節。

諭祭正使為續昌，副使則為崇禮，兩位都是旗人。他們兩人在十月十五日受命，十月三十日離開北京，並於十一月四日由天津出發，經海路前往仁川，兩日後抵達。他們在十一月八日進入漢城，於諭祭典禮結束後，立刻舉行「茶宴」招待，十一月十一日由漢城啟程，於十六日抵達天津，十一月底回到北京覆命。

回顧上述行程，派遣使節與諭祭儀式似乎相當順利。然而，實際上並非如此。

趙氏性命垂危時，袁世凱早就開始規劃派遣使節事宜。他想透過此機會，明確顯示清朝與朝鮮的穩定關係，因此動作相當積極。

反之，朝鮮卻十分消極。依照慣例，朝鮮應知會清廷趙氏薨逝的消息，並請求清廷諭祭，但朝鮮卻遲遲未派出使者。不僅如此，趙氏薨逝三個月後，朝鮮使者終於抵達北京，卻稟告清朝不須費心派出諭祭使節。原因是朝鮮財政困難，無法接待使節。

清朝無疑認為此事為反抗之舉，於是駁斥朝鮮的請求。為不落朝鮮的口實，決定讓使節經由海路，搭乘蒸汽船來往朝鮮，節省接待費用。

在宗屬關係中，使節往來應遵循固定路徑，過去派往朝鮮的使節，依慣例應由陸路往返。改由海路前往朝鮮，除大幅縮短旅程長度外，還有另一個目的。蒸汽船抵達的港口，有外國人滯留於此，使節就是要從此地進入朝鮮。

袁世凱認為，朝鮮避諱此事，是因為擔心「外國環伺，接待使節即證明朝鮮為清朝屬國，有失自主之顏面」。我們無法得知朝鮮政府的真實感受，但清朝斷定如此，仍挑戰朝鮮的顧慮。清朝尤其想向外國人展示諭祭使節與儀式。朝鮮百般猶豫之下，最後仍答應清朝要求，可視為不反對清朝舉行的儀式。

❖《使韓紀略》出版

諭祭結束後，袁世凱整理詳細經過，出版小冊《使韓紀略》。此書由逐日記載的日記體寫成，其中有兩大特色。

首先，此書三分之一的內容，是諭祭儀式流程等各種禮儀的施行細則，引

使韓紀略
光緒十六年歲次庚寅四月十七日未時朝鮮國太王妃趙
氏薨年八十有三太妃敬孝明世子李昊之嬪也昊早死未
立子奐嗣位奐薨無後國人迎其族叔昪入繼昪薨又無後
國人迎其族姪熙入繼熙即今之王也當奐嗣位之年即奏
請
中朝追贈其父昊爲王進册其母爲妃由是國中尊妃爲王太妃
迨昪入嗣又進尊爲太王太妃例以國統現王熙爲趙氏曾
孫接以家系趙氏實熙之嗣母也熙因承重治喪以八月二
十九日葬太妃於其都東門外三十里與昊合封距薨時凡
五閱月自來藩服遇有國喪例遣

《使韓紀略》

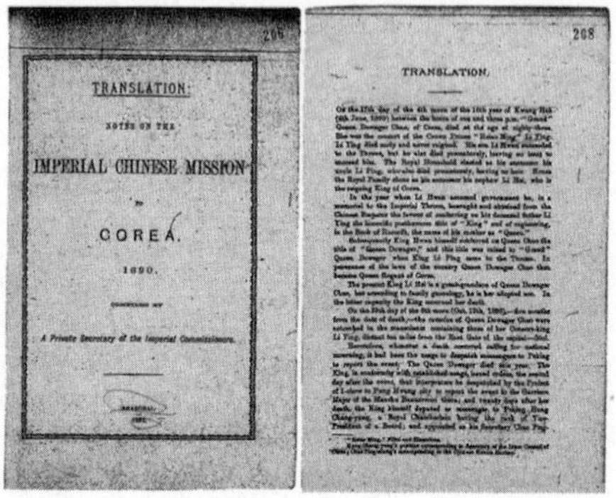
TRANSLATION:
NOTES ON THE
IMPERIAL CHINESE MISSION
TO
COREA.
1890.
A Private Secretary of the Imperial Commissioners.

TRANSLATION.

《使韓紀略》英文版

用相關章程，以日記體來說，內容比重相當不協調。

書中不僅留下儀式與禮儀內容等紀錄，且每場儀式的日期後，一概註明「一切禮節，恪遵舊章」。此紀錄應是為了讓後世瞭解，朝鮮依照禮制進行儀式，並顯示清韓關係仍堅不可摧。

此外，《使韓紀略》也同時刊出英文版，目的是得到外交官員等外國人的注意。袁世凱早早將成品呈給英國駐漢城總領事，由此可瞭解其目的。袁世凱表示，他期望透過《使韓紀略》英文版，減少擅自評論清韓關係的外國人。除了受禮制規範的朝鮮，也希望局外人理解清韓目前的穩定關係。

諭祭禮儀與派遣使節，是為了讓西方各國看見並瞭解清韓的宗屬關係。因此，一定要將《使韓紀略》寫成西方人可看懂的文字紀錄。清韓關係不僅以漢語宣傳，也必須傳遞至英文世界。

❖禮制與法度之間

《使韓紀略》的結尾是西元一八九〇年十一月十四日，送諭祭正使與副使離開後，有下述中式結語：

而兩使仰體皇上字小之心，懷柔屬邦之意，由無微不至矣。懿歟，休哉！豈不盛哉！

英文版則譯為：

The emperor's consideration for his vassal state as evinced by his thoughtfulness in matters pertaining to the Mission, is fathomless. How admirable and satisfactory! And how glorious!

筆者在此不多加解釋文章內容，最大的重點是「屬邦」，也就是「屬國」，譯為「vassal state」。

《使韓紀略》中，指稱朝鮮的文字除了「屬邦」以外，還有「藩服」、「東藩」以及「屬藩」，英文統一譯為「vassal state」，此事並非巧合，而是清朝刻意為之。

由此用語回顧德尼《清韓論》的主旨。《清韓論》主張「屬國」應譯為「tributary state」（朝貢國），不可譯為「vassal state」（附庸國）。《使韓紀略》與《清韓論》持反對意見，將「屬國」譯為「vassal state」，兩者意見大相逕庭。

循此情況思考，即可明確瞭解當時清韓關係的樣貌。一言以蔽之，清朝與朝鮮對於「屬國」與「自主」的立場截然不同。

清朝對「屬國」虛應禮儀，著重於從屬及保護關係，朝鮮卻認為雙方僅有禮儀關係。另一方面，朝鮮將「自主」視為國際法的獨立，清朝則認為此事有名無實。

西元一八八〇年代初期，朝鮮政界因「屬國」與「自主」之爭，形成事大黨與獨立黨，兩黨互相對立。不過十年光景，此種情況卻因清朝與朝鮮的關係發生改變，兩者分別以禮制與公法為依據。

禮與法的實際文字內容，即為《使韓紀略》與《清韓論》。兩者主張迥異，卻都刊出英文版，這點也相當值得注意。兩者呼籲的對象都是西方人，這表示他們仍未從兩種截然不同的立場當中，明確選出支持的一方。

清朝與朝鮮，「屬國」與「自主」，以及禮與法各佔天秤兩端，兩者均受到西方各國情勢影響。西元一八八〇年代的清韓關係，無法由清朝與朝鮮兩國單獨解決，西方各國的動向，甚至可能影響清韓關係的性質與走向。

當時的日本與西方各國，究竟處於何種情勢？由壬午事變到《使韓紀略》與《清韓論》，他們如何面對朝鮮與清朝的變動，並如何對清韓雙方產生影響？造成何種結果？筆者將再度追溯過去，仔細探討。

三、保護朝鮮的趨勢

❖朝鮮中立的構想

壬午事變的結果令日本大失所望，但並不是因為締結《濟物浦條約》的過程有任何疏失。日本以對待獨立國家的方式面對朝鮮，與朝鮮政府直接談判，本應可圓滿制定規則，然而，清朝卻在不瞭解日本盤算的情況下，強行綁架大院君，干涉朝鮮內政，公然以「屬國」的方式對待朝鮮。

日本參事院議官井上毅在朝鮮親眼見識此種情況，心中相當憂慮。西元一八八二年八月二十日，日本政府命井上毅前往朝鮮，協助負責與朝鮮政府談判的花房義質，他參與了《濟物浦條約》的談判，並於九月十六日回國，抵達下關。

就他所見，清朝「實行素論」，「顯示屬國自主之二點，並行不悖之意」，對朝鮮進行「與屬國之名無異」的「完全干涉」。對此，日本認為「當地默許中國屬國論之跡象，實屬遺憾」，因此仔細觀察馬建忠定義的「屬國自主」，以及依此觀念產生的行動。

對井上毅來說，清朝的「干涉」不以國際法為基礎，因此「干涉到何種程

井上毅

度，以及何時結束干預」仍不明朗，也不清楚清朝會「永久施行或暫時施行」此種策略。所以，日本無法確立「政治進程」以及對朝政策。

壬午事變爆發前，井上毅認為日朝關係與清韓關係無關，日本也與清朝的言論及行為無關，只要日本以對待獨立國家的方式對待朝鮮，就沒有問題。然而，經過壬午事變，他的立場已被事實否定，因此不得不改變想法。

井上毅回國後立刻起草〈朝鮮政略意見案〉。他以清韓關係與日朝關係息息相關為前提，在不妨礙過去日本利害關係與立場的情況下，導出一套方案。以下簡單引用原文，也保留原文加註的外來語。

日清美英德五國，互相會面議論朝鮮之事，以朝鮮為中立國之姿，依循比利時與瑞士之例，成為不侵略他國、亦不為他國侵略之國，五國共同保護之。

清國雖為朝鮮上國，朝鮮為清朝貢國（tributary），卻無屬國（dependency）關係，不違背朝鮮為獨立國一事。而清國與其餘四國同為保護國（protector），若未獲其餘四國同意，不得單獨干涉朝鮮內政。

若此策可行，於東洋政略可得稍安之道。除我國利益外，為朝鮮取得永久中立（perpetual neutral）地位，擺脫支那羈絆，亦可為支那保全朝貢國名義，無虛名實力互不相掩之患。

上述引言中最重要的是，日本政府重要人士首度以官方立場，同意清朝主張的「上國」。這段內容以先前發表的「屬國自主」照會為前提，不與奉「屬國自主」為圭臬的清朝起衝突。

「屬國自主」不代表「上國」可對朝鮮進行「干涉」與「保護」。「內政外交」既是「自主」，朝鮮即為「貢國」，並非「屬國」，因此為「獨立國」。

果不其然，井上毅的想法與德尼及穆麟德不謀而合。井上毅採用惠頓《萬國公法》的論點，認為朝貢「不影響獨立」。由此事也可看出，若以國際法概念思考，儘管立場不同，仍會達成一致的結論。

總而言之，朝鮮發給西方各國的照會，經國際法定義後，各國就能清楚瞭解其內涵。清朝、朝鮮與西方列強也能無異議達成共識，建立關係。

然而，清朝實際上已對朝鮮施加「干涉」與「保護」手段。朝鮮雖為「獨立國」，不得「干涉」該國內政，但由於朝鮮治安惡化，必須進行「保護」。因此應擬定可代替清朝單方面「干涉」與「保護」的措施。

所以，與朝鮮簽訂條約，接受朝鮮照會，並同意其內容的「五國」，須「共同保護」朝鮮，循「比利時與瑞士之例」，使朝鮮成為不受「干涉」的「永久中立」國。

井上毅對自己的朝鮮中立化構想，相當有自信。單從理論看來，以法律維持長治久安的目標，完成度確實相當高。他一一提出前述穆麟德、袁世凱與德尼等人的問題，提出完整對策，提倡由多國保護朝鮮，使朝鮮中立化，在當時是相當卓越的意見。然而，此方案能否執行，卻是另一個問題。

西元一八八二年十一月，井上毅付諸行動，透過日本外務省，打聽清朝與美國的意見，結果卻不如預期。清朝完全不顧其建議，一心只想讓「屬國」成為事實，而美國等西方國家則未批准條約，認為尚未到達可考慮共同「保護」或「永久中立」的階段。

簡言之，井上毅提出計劃的時間太早，時機尚未成熟。而在實行計劃前，朝鮮就先爆發甲申政變，情況急轉直下。

❖甲申政變與朝鮮的動向

若仔細分析甲申政變，此事僅為朝鮮黨派爭奪政權。然而，此事卻引發日本與清朝的軍事衝突。事情演變至此，除了因為朝鮮政府武力不足，也和日清兩國想在朝鮮半島獲取最大利益以及產生最大影響力有關。因此政變之後，日本必須與清朝李鴻章簽訂《朝鮮撤兵條約》。

西元一八八五年四月簽署的《朝鮮撤兵條約》，明訂兩國互相從朝鮮撤兵，日本與清朝暫且依條約行動。然而，對其他相關國家來說，撤兵遠不足以解決問題。兩國撤兵後，能否維持朝鮮半島情勢穩定，目前仍不得而知。朝鮮夾在日清之間，受兩國動向影響，無法擺脫不穩定因素，也不能袖手旁觀。

朝鮮採取的行動相當複雜，不易瞭解，但只要對照井上毅「朝鮮中立化構想」提及的「保護」概念，就能理解。

西元一八八二年以前，朝鮮僅仰賴清朝「保護」。但朝鮮發現「保護」會伴隨「干涉」後，益發覺得這不是件好事。因此，希望「保護」自己的國家，能夠不只清朝一國，故必須尋求他國援助。

獨立黨依賴日本，但以失敗告終。事大黨依舊仰賴清朝，但此路線也逐漸消逝。朝鮮此時所認為的對外關係，就是尋找清朝以外的「保護」力量，思考應尋求哪一國的保護，以及如何保護。關於這一點，與井上毅「朝鮮中立化」的想法部分相通。

❖中立化、單獨保護或共同保護？

西元一八八五年一月前後，甲申政變漸息，各國提出幾項穩定朝鮮情勢的方法。其中，以俄羅斯介入的方式最具代表性。

首先是德國駐漢城副領事卜德樂（H. Budler）提議的朝鮮中立化，穆麟德尋求俄國保護，引發朝俄密約事件的方案，就是承襲其概念。

乍看之下兩者截然不同。一方是提議日本、清朝與俄國共同保障朝鮮中立，成為多國間的「中立國」，另一方則是讓朝鮮成為俄國單一國家的「保護國」。

然而，若仔細探討，卻只是日、清兩國與俄國合作或對抗的差別罷了。兩者的構想，都是在日清兩國之間，加入第三國，並預設第三國為俄國，兩者都是因為朝鮮遭受日本與清朝軍事摧殘，擔心類似事件再度發生，因而採取的對抗手段。

事實上，在甲申政變前，穆麟德就構思過這兩種方案。他尚未公開的構想，在《朝鮮撤兵條約》簽訂後，分別以卜德樂的中立案，以及穆麟德要求俄國保護的形式出現。

但英國反對此種構想。《朝鮮撤兵條約》規定兩國由朝鮮撤兵，讓朝鮮成為沒有軍隊防守的地區，英國擔心俄國南下，因此相當不滿。英國希望日本或清朝「保護」朝鮮，甚至期待兩國共同保護。而英國的期望落空，也是導致英國持續佔領巨文島近兩年的原因之一。但英國佔領巨文島，反而讓朝鮮與俄國更為接近，緊張情勢升高。

以外務卿井上馨為主，關於日本的意向，由紀錄看來，並不反對卜德樂的中立案。對日本來說，或許是因為從井上毅的〈意見案〉起，就有此種構想。

然而，「第一次朝俄密約事件」爆發，使朝鮮中立化的方案窒礙難行。朝鮮方面也有幾項外交方針，並偏好卜德樂的中立案。不過，還未進入正式談判，朝鮮就露出朝俄密約的跡象，甚至曝光。在當時情勢下，此事等於否定日清與俄國合作以及多國之間的中立化，選擇由俄國單獨「保護」。

以朝鮮立場而言，若只是為了保全本國，無論是中立化還是單獨接受俄國保護，兩者差異不大。然而，在日本眼中，俄國軍事進入朝鮮，已完全違背自身利益。

井上馨擔心朝俄通謀，因此與清朝駐日公使徐承祖提出〈朝鮮辦法〉意見書。意見書內容主要為防堵俄國單獨保護朝鮮，並計劃由日清共同保護之。事情演變至此，朝鮮問題的趨勢，也只能從單獨保護或共同保護兩者擇一。井上毅提出由多數關係國共同保護朝鮮，使朝鮮中立化的構想，事實上幾乎不可能實現。

❖ 清朝的立場

但實際上，單獨保護或共同保護，兩者皆無法實現。因為清朝的動向才是重要關鍵。

原則上，日本的立場自《江華條約》以來，就認為朝鮮為「獨立」國。日本與清朝共同保護，表示日本正式承認清朝「保護」朝鮮，認同朝鮮為屬國，與自身立場矛盾。因此，井上毅提出朝鮮中立計劃，並堅持計劃內容。為保持朝鮮「獨立」，必須與別國聯手牽制，讓朝鮮成為中立國。若日本能接受與清朝共同保護朝鮮，一開始根本不需要朝鮮中立化的構想。

所以，此時井上馨向清朝提出〈朝鮮辦法〉，是為了讓日本不至於被逼到別無選擇，只能和清朝共同保護朝鮮。儘管如此，清朝的李鴻章仍否決〈朝鮮辦法〉，就連實際上的共同保護也無法實行。因此，關於積極處理朝鮮問題一事，日本失去立足之地。此時只能依《朝鮮撤兵條約》規定，與清朝互相撤兵，暫且放任朝鮮情勢不管。

結果，日本與清朝交涉後，朝鮮情勢仍不穩定。到了西元一八八六年，英國持續佔領巨文島，因而再度爆發朝俄密約事件。

清朝李鴻章確實拒絕了井上馨的提案。然而，甲申政變後，清朝罷免穆麟德，派遣袁世凱至朝鮮等動作，都對朝鮮直接施加更大的壓力，此外，西元一八八八年北洋艦隊成軍，清朝也快速發展相關軍備建設。因此，日本無法繼續袖手旁觀。

清朝認為朝鮮為其「屬國」。之前，這種說法大概是客套話，或只是原則罷了，但經過《朝鮮撤兵條約》談判、英國佔領巨文島，以及朝俄密約等一連串事件後，清朝也切身感受到「屬國」的意義。

如上所述，保護朝鮮是「上國」清朝的工作，若非如此，朝鮮就不會處在「屬國」的位置。因此，「屬國」與清朝單方面保護的立場，絕不可退讓。

以此立場看來，多國「保護」朝鮮，使朝鮮中立化，成為「獨立」國一事，絕不可能發生。當然，由俄國單獨保護朝鮮的朝俄密約，以及由日本與清朝共同保護朝鮮的計劃，清朝也無法認同。為了在國際上公開改變朝鮮地位，清朝的手段必須轉為消極自制。

❖ 勢力均衡與「屬國自主」

對此情勢感到擔憂的國家，不僅限於朝鮮關係國，還包括朝鮮時常接近的俄國。

客觀看來，當時的俄國在中國東北與朝鮮半島區域，實力仍不足以和清朝抗衡。此時尚未開始建造西伯利亞鐵路，俄國遠東人口稀少，勞動力不足。無論是開發或軍備，與位於黑龍江、烏蘇里江之間的清朝東三省相較之下，仍有一段不小的距離。

因此，關於深入朝鮮半島一事，俄國政府一貫謹慎考量。所以，俄國也無法放任其他國家勢力在朝鮮增長，尤其是清朝。俄國的目標是「維持現狀」，因此在發生朝俄密約事件，與清朝關係惡化後，必須著手調整雙方關係。

西元一八八六年，發生「第二次朝俄密約事件」，改善雙方關係的契機終於出現。駐北京臨時代理公使拉德仁（N. F. Ladyzhenskii）在天津與李鴻章秘密談判，針對兩國不可侵犯朝鮮一事，達成一定的協議。

接著是英國。由英國突然佔領巨文島此事件可瞭解，為防止俄國南下，英國對於朝鮮的獨立與自主，一向保持事不關己的立場。為達成目的，不論由多國保護、日清共同保護，或由清朝單獨控制，都不是由英國選擇。

「第二次朝俄密約事件」後，英國開始公開支持清朝的「宗主權」。由於多國保護，以及日清兩國共同保護的期待落空，因此轉而推動替代方案，也就是由清朝正式實質控制朝鮮的計劃。

英國大動作煽動清朝正式控制朝鮮，但清朝——尤其是李鴻章——並未打算接受提議。

> 朝鮮之地，俄人垂涎已久，清朝儘速討伐，收復朝鮮版圖，亦為英國所望。此事為英國從旁挑撥戰爭……英人雖特表善意，對清朝卻蠻不在乎。西方諸國視朝鮮為自主，但無法明確表示朝鮮非吾屬國，亦不得禁止清朝視朝鮮為屬國。朝鮮國王若未夜郎自大，不朝貢清國，清國亦不可明確譴責，舉兵問罪。（《清光緒朝中日交涉史料》）

清朝若興兵朝鮮，除朝鮮之外，也可能與日本、俄國關係決裂，造成無法收拾的局面。清朝雖加強對朝鮮施壓的力道，卻與歐美控制屬國的概念不同，而是著重於舊有的宗屬關係，所以清朝才會堅持「屬國自主」。

此種方式在國際上通行，是因為達成了勢力平衡的狀態。以日本與清朝的關係來說，兩國簽訂《朝鮮撤兵條約》，相互撤兵；清朝與俄國的關係，則由李鴻章與拉德仁達成協議，同意兩國互不侵略；最後，清朝與朝鮮的關係，則是「屬國」與「自主」的對抗。

透過上述三種關係，達成各方勢力平衡，也就是李鴻章所說的「自制」。在三種關係當中，清朝或許都佔上風，但為避免關係惡化，清朝也會節制自身實力。以結果看來，朝鮮半島已和無軍隊防守的中立地區無異。

然而，由局外人的立場看來，「屬國自主」的概念難以用國際法理解，李鴻章與拉德仁的協議也是秘密談判，不為人所知。《朝鮮撤兵條約》後不穩定的情勢，並未因此改善。清朝與朝鮮之間「屬國」與「自主」的爭議不斷，外國人無法理解此事，因此對於「屬國」或「自主」都難以苟同。

但是反過來說，就是因為不依附任何一方，產生中間地帶，朝鮮半島才能達到實際中立的狀態。由局外人的角度看來，「屬國」與「自主」模糊不清與難以理解的情況，卻象徵了微妙的國際情勢，雖不穩定，卻不至於產生破綻。

第四章 獨立自主

一、日清開戰

❖寇松之旅

第一次世界大戰後的歐洲，德意志、奧匈與俄羅斯等三大帝國瓦解，東歐建立了許多獨立國家，其中以波蘭面積最大。若是較有概念的歷史地圖，會在西元一九二〇年時，於此區域畫上一條「寇松線」（Curzon Line）。寇松線是由英國外相寇松（George Nathaniel Curzon）提出的邊境線，劃分波蘭與俄羅斯，許多日本人應該是因為「寇松線」，而對寇松留下印象。

寇松擔任外相前，曾任英屬印度總督，也是通曉亞洲的菁英。他在年輕時，曾到世界各地冒險，實地探訪西元十九世紀末的東亞。他的遊記《遠東的問題》（*Problems of the Far East*）記載如下：

李鴻章的政策毫無邏輯可言，且違背國際慣例。然而，若僅以結果論斷，卻不能說他失敗。最終產生的實際利益，成功挽救邏輯上的缺陷。他在一開始，便未針對襲擊傳教士與外國人一事，懲罰朝鮮，因此不須為朝鮮的殘暴酷虐負起責任。接著，他還允許清朝的屬國朝鮮，與其他國家締結條約。同時，他也主張清朝身為中間者的權利。而中間者原本是日本鎖定的角色。若不採取此種方式，他就無法引進外國勢力，以阻止清朝在朝鮮地區最害怕的兩個國家，日本與俄羅斯。

寇松所說的「邏輯不通」與「違背慣例」，指的是難以用國際法理解的「屬

寇松

國自主」。他在其他段落，以清朝在「外交」上的「優柔寡斷」與「矛盾」形容此種狀況，但未表示批評。寇松反而以「實際利益」稱頌此種做法。這篇文章是以當時英國的立場看待「李鴻章的政策」，以及清韓關係的樣貌與特性，其觀察鉅細靡遺。

西元一八九二年，寇松遍覽遠東。由西方各國政治勢力進入東亞起算，約經過半世紀；若由西方與朝鮮直接接觸開始計算，則約二十年；由西方與朝鮮締約起，僅約經過十年。

在此之前，以朝鮮半島為中心的東亞秩序，主要由日清、清韓與日朝等三者分立的關係所構成。此種狀態因西方出現而陷入混亂，被迫重新建立關係。各國不斷嘗試錯誤後，終於回歸些許穩定，當時的情況便是如此。

❖ 中間地帶的走向

筆者曾將此種情況稱為「屬國與自主之間」，沿用當時的稱呼方式。除此之外，也可使用其他命名。若採用近代較極端的概念，可稱之為「保護」與「獨立」之間;此外,若著眼於兩者的根據,則可稱為「禮」與「法」之間。

無論何種稱呼,最不容易清楚表達的部分,就是以現代想法與詞彙難以明確解釋的各種現象;反之,由此可看出現代人思想被西方近代觀念或是偏見所束縛的程度之高。

總之,重點在於「屬國」與「保護」,以及「自主」與「獨立」之間,出現兩者皆無法整合的中間地帶,因而創造出某種勢力平衡。中間地帶終究不只是中立,而是立場各異的當事國相互鬥爭以及受到阻撓後,各方恰好同時停頓而產生的空白狀態。

各國當然不希望破局,但他們的目標也不是製造中間地帶。所以這件事的本質,呈現變動且不穩定的狀態。因停頓而產生的秩序穩定,只延續了十年。由後世回顧當時即可瞭解,西元一八九〇年代初期,是前往下一個時代的前哨戰。

俾斯麥(Otto von Bismarck)由德意志帝國宰相之位退休後,國際政局開始變動,讀者應該對這件歷史也很熟悉。與此同時,東方旅順的軍港與砲臺落成,清朝鐵路越過山海關,延伸至遼東地區。這兩件事之間當然沒有直接關聯,但是對俄羅斯來說，都是舉足輕重的事件。

俾斯麥引退，表示德國與俄國的《再保險條約》[1]不再續約。遼東軍備充實，也挑起俄羅斯對遠東地區的警戒。法國資助俄國公債，導致俄國向法國靠攏，並促成西伯利亞鐵路開工，上述兩者休戚相關。英國與日本擔心俄羅斯南下，因此俄羅斯的動作也讓英日兩國相當緊張。歐洲與遠東的情勢，因俄羅斯而互相產生影響。其中的焦點，便是朝鮮半島。世界情勢緊張程度逐漸升高，開始威脅到中間地帶的存在。

❖ 防穀令事件

清朝在朝鮮半島各方面都擁有優勢，因此其動向不容小覷。其中，袁世凱的動作也相當值得注意。他相當忠於交付給自己的任務，竭心建立「屬國」的證據。他所期待的成果並未實現，但他並未感到絕望。既然外交方面無法達成目的，那就針對通商、金融等各方面積極主張自身意見。

袁世凱的努力並未白費。西元一八九三年，好兆頭終於出現，他的轉機就是「防穀令事件」。

防穀令是由朝鮮地方官發布，暫時禁止穀物運送的命令。過去穀物欠收時，地方官就會下達這項命令，與貿易的關聯不大。咸鏡道在西元一八八九年十月實施的防穀令，也依循前例進行。

其中，由日本進口至朝鮮的主要產品是米穀類，根據《日朝通商章程》，實施防穀令，須在一個月前通知日本當局。然而，朝鮮本次卻未在一個月前事前通告，日本官方因此表達抗議。隔年的西元一八九〇年一月，防穀令撤回，但在這段期間，由於禁止交易的緣故，從事大豆出口的日本貿易商蒙受巨大損失。於是，日本要求賠償損失，並與朝鮮政府進行交涉，此事成為公使層級的問題。

即便如此，這仍只是日本與朝鮮之間的經濟問題。西元一八九二年，日本政府任命大石正己為公使，派他前往朝鮮，自此時起，這項問題才正式成為外

1〔譯註〕：《再保險條約》是德國與俄國於西元一八八七年六月十八日簽訂的秘密條約。西元一八八六年，保加利亞危機發生，俄國與奧匈帝國關係惡化，三帝同盟解體。俾斯麥藉此尋求與俄國修好的機會。只要能保住俄國的支持，他才可以繼續孤立法國，以保德國安全。

交重大事件。

大石正已當時三十七歲，是日本自由黨的政論家。他雖關心朝鮮問題，在外交實務方面卻是一張白紙。日本設立國會後，自由黨抨擊和平妥協的朝鮮政策，政府因此相當困擾。「防穀令事件」正適合用來攻擊朝鮮政策。日本政府優先考量國內聲浪，因此任命大石正已為駐漢城公使。外國對於這個人選，無不感到驚訝。清朝與袁世凱也提高警戒。

「防穀令事件」造成日朝糾紛時，袁世凱靜觀其變。日本派遣大石正已為駐漢城公使後，他卻突然開始介入日朝之間，檯面上的理由是朝鮮負責交涉的官員要求袁世凱幫忙。但袁世凱最介意的問題，其實是大石正已。

大石正已著有《富強策》一書，其中寫道：

朝鮮若欲獨立，應支持我國日本成為東洋盟主，與東洋最為相關的各強國，共同召開列國會議議定之。列席會議之國為日本、英吉利、佛蘭西、露西亞、支那、德意志、亞美利加等七大強國。經此七大強國認同，設朝鮮為保護國，任一國違約，掠奪朝鮮，其餘列國應舉兵問罪，一旦如此，便可立刻鞏固朝鮮獨立之安全。

透過「列國會議」讓朝鮮成為「保護國」，對清朝來說，此事即為否定「屬國自主」，不可輕忽。大石正己因此成為清朝眼中的問題人物。袁世凱在朝鮮亦確認此事，向清朝報告「大石向朝鮮國王直言，若與日本聯手，朝鮮即可達成自主」。報告的內容未必屬實，但袁世凱確實是如此相信，並以此認知著手行動。

若只有大石正己一人或只有日本一國還不足為懼，清朝最恐懼的是大石「聯合」西方各國，支持朝鮮「自主」，而朝鮮將對此產生共鳴，把袁世凱排除在外。處理此事最快的方法，就是對「防穀令事件」的懸案施壓，製造日朝對立，讓大石正己的聲望直落。

大石正己的行為也很粗魯。他不在乎禮儀與慣例，從頭到尾都採取威脅與無理的交涉態度，朝鮮政府因此對他相當厭惡，袁世凱不費一兵一卒便佔得上風，擴大日朝對立。最後，大石正己建議行使武力，甚至發出最後通牒。

❖ 防穀令事件的意義

日本與清朝之間，透過日本總理大臣伊藤博文以及清朝北洋大臣李鴻章的溝通協調，成功避開逐漸升高的危機。在李鴻章勸告下，朝鮮政府答應賠償損失，「防穀令事件」暫且塵埃落定。

事情的結果，乍看之下是依日本要求進行，但事實上卻有相當大的分歧。日本政府派遣大石正己，如果是希望由他開啟困難的談判，而非引起更大的糾紛，那就表示日本原先也不想與朝鮮發生衝突。但若是如此，日本選擇大石正己，本身就是個錯誤。「防穀令事件」結束不久，日本召回大石正己，由駐北京公使大鳥圭介兼任駐朝鮮公使，此事亦引發不少爭論。日本招致朝鮮反感，導致朝鮮反倒更依賴清朝，這件事確實出乎日本的意料，但此事背後的意義，當時的日本政府又有多少瞭解呢？

袁世凱因此事獲益匪淺。他做事相當務實，因此本國的上司李鴻章與日本的伊藤博文妥協，他可能非常不以為然。即便如此，袁世凱仍成功讓大石正己返日，並使朝鮮與日本關係惡化。此外，袁世凱赴任朝鮮後，情勢一直岌岌可危，經此事後，他與朝鮮政府的關係反而漸入佳境。日朝關係惡化，意即清韓關係強化，此種做法與馬建忠在西元一八八二年提出的計劃毫無二致。

這個計劃背地裡當然有人脈相助。當年的馬建忠有金弘集與趙寧夏等人，此時的袁世凱也握有閔泳駿。閔泳駿當然是閔妃一族，曾任駐日公使。根據史料，他「敬信」袁世凱，但此事並不如表面那麼簡單。閔泳駿自有一套想法，才會接近袁世凱。

無論如何，袁世凱在朝鮮政界得到閔泳駿的幫助，輾轉努力之下終於獲得回報，事態逐漸好轉。「防穀令事件」談判時，袁世凱對朝鮮政府詳加指示，創造出他所期望的局面，此事也是因為閔泳駿，才獲得良好成效。然而，事情尚未結束。

❖東學黨與清朝出兵

於此時，東學運動愈演愈烈。東學是朝鮮的新興宗教，其名稱與西學（基督教）相反，而以儒家思想為基礎，融合佛教、道教，甚至是民間思想。東學教祖崔濟愚自西元一八六〇年起開始傳教，當時即遭到鎮壓，崔濟愚遭到處死。自此之後，東學教轉由秘密結社的方式散播思想，持續進行恢復教祖名譽以及取得合法地位的請願活動。西元一八九三年五月，教徒在忠清道報恩郡舉行大規模集會，批判政府，倡議排斥外國人，教徒閉城自守，不服政府當局的解散命令。朝鮮政府無計可施，只能派遣魚允中到當地緩解局勢。

朝鮮政府懼怕東學黨採取排外行動，為阻止此事，甚至不惜以武力鎮壓。但僅依賴朝鮮本國武力，無法成功鎮壓東學黨，因此朝中出現請求外國軍事援助的聲音，並私下詢問清朝袁世凱的意見。然而，朝鮮政府內部多半認為，向外求援須謹慎考量。袁世凱也察覺此事，並未積極採取出兵的態度，但他也沒有對出兵表示否定。

袁世凱當然希望以軍事援助朝鮮。這麼一來，清朝就能以更明顯的方式保護朝鮮，建立朝鮮為清朝「屬國」的證據。因此他回覆，朝鮮政府若是束手無策，可正式向清朝請求援助。清朝的立場是讓朝鮮的「自主」有名無實，所以朝鮮政府必須更積極地向清朝求援。袁世凱也告訴其心腹閔泳駿，此事最重要的是順序。袁世凱已開始為出兵做打算。

報恩郡集會在魚允中軟硬兼施的勸導下，以無事告終。然而，翌年西元一八九四年，由首領全琫準率領的東學教徒，在三月蜂湧進入全羅道，名副其實成為叛亂事件。朝鮮政府派遣的鎮壓軍隊一籌莫展，於五月中終於循「壬午、甲申前例」向清朝求援。

袁世凱一直希望能夠保護屬國，所以對他來說，這是千載難逢的機會。他透過閔泳駿，強烈建議朝鮮政府向清朝求援。五月三十一日，軍隊回報全州失守，朝鮮政府無法再坐視不管，因此於六月三日，以書面向袁世凱正式求援。此時，袁世凱應該相當有成就感。此事正中袁世凱下懷，甚至有人懷疑東學黨叛亂是他的陰謀與煽動。傳言當然不足為信，但此事經過確實如他所料。

自袁世凱赴任朝鮮以來，朝鮮尋求的保護，以及清朝想給予的保護，步調一向不同。朝鮮的「自主」與清朝的「屬國」並不一致。袁世凱駐朝鮮十年間，不斷在當地與此種困境奮鬥。

現在，他終於解開雙方矛盾。清韓關於「保護」的方向，過去總是沒有共識，現在雙方意見終於相同，軍事保護權的歸屬，真正回到清朝手上。清朝表示派遣援軍幫助朝鮮，是依循「保護屬邦之舊例」，由聲明亦可清楚瞭解此種情況。而清朝也終於能夠公開此事。

李鴻章接到袁世凱通知後，立刻派出兩艘巡洋艦，艦隊於六月五日抵達仁川。另外，從六月八日到十二日，還有兩千四百名陸軍登陸牙山，二十五日更增援四百人。然而，未等清兵準備完成，叛亂就已結束。六月十日，東學黨與朝鮮政府締結《全州合約》，政府大致接受叛亂方的要求，全羅道成為農民自治的區域。

事已至此，清朝援軍可有可無，撤兵只是時間的問題。然而，六月十日卻發生出人意表的事件，原本沉浸在成就感當中的袁世凱，轉而陷入困惑。

此時，日軍進入了漢城。

❖日本出兵

西元一八八五年，為收拾甲申政變殘局，日本與清朝締結《朝鮮撤兵條約》，約定雙方相互撤兵，條約內容相當簡單，僅有三條。其中，以明定未來出兵事項的第三條最為重要。第三條規定，將來朝鮮國若有變亂重大事件，清、日兩國或一國要派兵，應先互行文執照，及其事定，仍即撤回，不再留防。

以字面意義看來，日本與清朝只要有任何一方出兵，就得通知另一方，並不是兩方同時出兵。然而在當時情況下，外國皆認為第三條表示日清任一方出兵，另一方也須自動派兵，日清兩國也瞭解這一點。李鴻章過去保守自制，不對朝鮮行使權利，也與此條約有關。

當然，袁世凱對此事也相當清楚。即便如此，他仍策動清朝在這個時間出兵，因為當時日本內政混亂，政府與議會持續對立，袁世凱認為日本此時並無餘力出兵朝鮮。在此之後，與其說他對日本採取的行動過於樂觀與遲鈍，不如說日本出手的速度，比他預料之中還要迅速敏捷。

當時，大鳥圭介公使休假回國，漢城的日本公使館交由一等書記官杉村濬負責。杉村在發現朝鮮政府向袁世凱求援後，立刻發出一份急電回報本國。日本政府收到電報後，在六月二日的內閣會議中，決議若清朝出兵，日本也將派出混成第一旅團。日本於六月五日設置大本營，大鳥公使也出發前往朝鮮，六月十日回到工作崗位。同日率領海軍陸戰隊共四百三十人進入漢城。日本陸軍全數完成動員準備，到了六月十六日，混成旅團共約四千人由仁川登陸完成。

陸奧宗光

清朝陸軍登陸朝鮮，還是四天後的事。

《朝鮮撤兵條約》規定的相互通告，直到六月七日才發出。此時，清朝才宣稱出兵為依循「保護屬邦之舊例」。日本出兵的法源依據，則是《濟物浦條約》訂定的外交機構保護規定。當然，這不是唯一的理由。以整體來看，日本派兵一事，以外務大臣陸奧宗光的話來說，是為了「維持權力平衡分配」。

用現代說法表示，就是要保持朝鮮半島的「勢力均衡」（balance of power），由現狀看來，此地的勢力均衡，從過去就對清朝較有利。清朝在此時出兵，對清朝更加有利，但卻不利於日本，日本因而感到威脅。

因此，日本必須挽回頹勢，若無法維持「勢力均衡」，就失去派遣軍隊的意義。所以，除非恢復平衡的狀態，否則日本不可能撤軍。

❖ 戰爭爆發

日本出兵，以及日軍遲遲不撤退，都讓袁世凱相當不解。東學黨叛亂既已結束，理論上日本與清朝都失去了出兵的理由。因此，袁世凱與大鳥圭介會晤，商談共同撤兵一事，雙方一度產生共識，但最後並未實現。

日本公使館擔心，同時撤兵會使清朝勢力增強，對日本單方面不利。公使館的判斷並無錯誤。清朝之後一貫主張，先決條件為雙方同時共同撤兵，絕不退讓，由清朝的主張亦可窺見上述情況。

日本政府認為，朝鮮內亂誘使外國出兵攻打，因此為根絕內亂，日清兩國應進行朝鮮內政改革，清朝若拒絕，就由日本單獨在朝鮮進行改革。日本立定全新方針，以電報向公使館發出訓令，同時對清朝提出此方案。然而，清朝回覆仍以共同撤兵為優先，日本外相陸奧宗光因此通告「斷不可撤兵」。此時為六月二十三日，這份聲明是他發出的第一次絕交書。

此時，日本當局陷入進退失據的局面。朝鮮政府中，贊成內政改革的勢力極其微弱，贊同清朝與袁世凱的勢力，則佔壓倒性的優勢，若想進行內政改革，至少得驅逐清軍才有辦法。此外，由於雙方出兵名目不同，且清軍位於牙山，日軍位於仁川，在理論與地理上，兩者都不會產生衝突。

目前為止，無論是日本政府訓令所說的朝鮮內政改革，還是日本的目標「勢力均衡」，兩者皆無法實現。因此必須製造雙方爭端。

於是，大鳥公使採納杉村書記官的建言，突然提起清韓宗屬關係一事。由於清軍的存在是基於「保護屬國」，因此日本宣稱此事違反《江華條約》第一條訂定的朝鮮「自主」。

七月二十日，大鳥公使向朝鮮政府發出最後通牒，要求「侵害」朝鮮「自主獨立」的清軍撤退。朝鮮政府若無法請求清朝撤軍，就由日軍代為驅逐。原本位於仁川與漢城一帶的日軍南下，於七月二十五日在豐島海域發生海戰，二十九日在成歡與牙山交戰，最後終於引發日清戰爭。

❖「屬國自主」與日清開戰

由於上述過程，因此多數意見認為，日清開戰的理由雖為清韓宗屬關係，但此事卻不是主要原因。然而，直到開戰前夕，清朝在朝鮮仍佔優勢，清朝的根據是宗屬關係，認定朝鮮為其「屬國」，讀者應謹記這一點。

即便雙方軍隊對峙，上述狀況仍未改變。客觀來說，阻礙日本目標「勢力均衡」的因素，就是使清朝佔盡優勢、並允許清軍正當進入朝鮮的宗屬關係。日本為打破僵局，只能以武力破壞宗屬關係並擊敗清軍。

至今為止的清韓宗屬關係，也就是「屬國自主」，由於「屬國」與「自主」定義模糊，產生中間地帶，形成軍事緩衝的功能。袁世凱不滿意此種狀況，策動使「屬國」定義單一化，清朝因而訴諸過去相當自制的武力行為。

對袁世凱個人來說，這意味著自己完成了任務，但就客觀而言，他的行為卻破壞了現狀，中間地帶也喪失軍事緩衝的功能。「屬國」與「自主」之間已消失，僅剩下「屬國自主」的模糊概念，當事國被迫由「屬國」或「自主」擇一。

若僅討論日本國內政治以及開戰史實經過，無論是大鳥圭介最後通牒表示，朝鮮應實踐「獨立」與「自主」，還是日本最後對於以「屬國」為依歸的清朝，提出宗屬問題並挑起戰爭，都只是藉口與手段罷了。

然而，若拉長時間間隔，並將宗屬關係的內容與變遷納入考量，日本的開戰理由雖為無計可施的應變對策，且缺乏政府整體共識，但卻直接顯示出事情的本質。

❖列強干涉

日本與清朝大動干戈，創造出中間地帶的列強在旁環伺，開始迅速改變立場。

維持「屬國自主」現狀的其中一個原因，是俄羅斯支持朝鮮「自主」，並與主張「屬國」的清朝，針對兩國互不侵犯朝鮮半島一事，達成一定程度的共識。

日本與清朝瀕臨破局，李鴻章以此共識為基礎，委託俄羅斯調停。然而，俄羅斯當局當時僅勸告日本共同撤兵，而在事態急轉直下後，便不再採取其他行動。朝鮮半島「維持現狀」才對俄羅斯有利，俄羅斯認為戰爭會改變現狀，因此不再插手，決定靜觀其變。

另一方面，英國擔心日清開戰，俄羅斯會趁勢南下，因此不斷在兩國間斡旋，希望能夠停戰。英國的目的，也是讓朝鮮半島維持現狀。英國為阻止俄羅斯南下，支持朝鮮從屬於清朝。然而，雙方開戰後，英國對清朝不堪一擊的實力產生懷疑，不久後轉為接受日本的主張與行動。

俄羅斯與英國受李鴻章所託進行干涉。李鴻章深知北洋軍實力空虛，盡量避免兩國交涉破局。即便如此，他除了堅持日本與清朝同時撤兵之外，針對朝鮮為清朝「屬國」一事也毫不退讓，主張由朝鮮政府自行實施內政改革。

主觀而言，此方案等於恢復一八八〇年代的「勢力均衡」與「屬國自主」狀態。然而，日本與清朝開戰，是因為清朝違背「勢力均衡」與「屬國自主」，事態才演變至此，所以上述方案毫無成功機會。「屬國」與「自主」違反「勢力均衡」，兩者對立，僅能擇一。英俄兩國的優先考量是「勢力均衡」，他們的行動在此階段，刻意不牽扯到「屬國」與「自主」，也是基於上述原因。

此外，陸奧宗光趁勢而為，以軍事與外交先發制人，排除英俄兩國的干涉，專心投入日本與清朝的戰爭。舉例而言，於七月十二日，陸奥宗光向清朝政府發出「第二次絕交書」（《蹇蹇錄》），其內容明確指出上述狀況。

近日駐貴國之英國公使，重視日清兩國友誼，有勞好意居中周旋，竭力調停日清兩國爭議，但清國政府依然故我，除主張我國自朝鮮撤軍外，無任何商議，此為清國政府徒好生事。

如上所述，由於日本採取的路線，建立在否定舊有的「屬國自主」與「勢力均衡」，因此必須在朝鮮半島，建立可取代過去關係的秩序。對此，日本究竟有何想法呢？

二、「甲午更張」與俄館播遷

❖ 實施內政改革

西元一八九四年七月二十三日，日本認定朝鮮政府對三天前強硬的最後通牒，不會做出令人滿意的答覆，因此派軍進入景福宮，著手改造朝鮮政府。日本判斷朝鮮整體仍以清朝佔優勢，一般外交談判不可能有任何進展，因而採取行動。

簡言之，日本欲冒險進行政變。然而，即便想組織新政府、願意與日本合作實施內政改革的朝鮮官僚，也是屈指可數。所以，日本選中金弘集、金允植、魚允中等穩健開化派人士。日本拔擢甲申政變後，因親清而遠離政治中心的人物，放逐閔氏政權的重要官員，組織新政府，依日本要求進行內政改革，開啟「甲午更張」（又稱「甲午改革」）。

關於朝鮮內政改革，陸奧宗光表示「不須特別重視」，且「僅為政治考量，無任何意義」，此種說法相當貼切，對日本來說，這只是日本與清朝開戰的方便之門。

也就是說，由於日本已向國際公開發聲，所以不得不實施改革，日本的方案轉為戰爭勝券在握時，再認真處理即可的態度。實際上，若沒有日本軍事力量引發的政變，就無法實施改革，在缺乏壓力之下，改革也無法取得進展，這項事實不容忽視。「甲午更張」與負責此事的朝鮮政權，原本就是因應日本需求以及依附日本武力而生。

當然，依日本要求負責「甲午更張」的朝鮮官員，其立場與想法和日本又有不同。這些官員絕不可能打從心裡支持日本，而是希望以自己的方式，追求朝鮮自立，進行改革。他們在閔氏當權時無法施展抱負，當時朝鮮又陷入空前危機之中，因此再不情願也得迎合日本，在日本支持下獨撐大局。

西元一八九四年七月底，金弘集擔任領議政（首相）一年半以來，斷斷續續在政治、經濟、社會等方面進行廣泛改革。其中，部分改革內容是基於過去的想法與行動，另一部分則是此時才制定的計劃。

簡單舉例來說，內政方面有政府機構改革、科舉選官制度改革、引進近代學校制度、軍隊與警察改革、引進地方自治制度、徵稅制度改革、統一幣制與度量衡、廢除奴隸與解放賤民等身分制度改革，改革範疇遍及行政組織與社會制度。至於對外方面，則包括廢止《中朝商民水陸貿易章程》等規則，以及禁止使用清朝年號等措施，公然否定清朝的「屬國」概念。這場改革的歷史意義，不僅是紙上談兵。

上述的「甲午更張」，在日本壓力下並不自由。尤其是西元一八九四年十月後，井上馨取代大鳥圭介，成為駐漢城公使之際，他不但加速改革，還加深朝鮮對日本的從屬程度。舉例來說，他分離宮廷與政府，禁止王室參與國家政

井上馨

治，高宗與閔妃因此大力反彈，為往後埋下巨大禍根。

壬午事變與甲申政變時，井上馨擔任外務卿，此外，他也是第一次伊藤內閣的外務大臣，隨後還歷任閣員，此種大人物原不可能任職公使，擔任一介外交官。派遣這樣的人物赴任朝鮮，展現出日本非凡的決心。

井上馨相當自負，強制推行改革。他接連不斷迅速下達命令，雖看似進展快速，但當時局面終究只是在日本武力與壓力之下，以及日清戰爭勝利的產物。他的政策大多受到朝鮮各方抵抗，停滯不前。此外，日本軍事優勢的前提一旦動搖，日本主張的「獨立自主」與內政改革，未來走向也不明朗。

❖ 日本的方針

日本此時將朝鮮置於何種國際地位？這個時期與前後時代的對比，相當值得注意。往前追溯一些時間，回到西元一八九四年八月十七日，在日本政府內閣會議上，日本外相陸奧宗光曾提案如下：

甲、朝鮮依然為一獨立國，放任朝鮮全然自主自治，我國不加以干涉，亦不容許他國干涉，其命運任由朝鮮決定。

乙、公認朝鮮為名義上之獨立國，由帝國間接或直接，永遠或長時間保護，並扶持朝鮮獨立。

丙、如過去英國政府對日清兩國政府勸告，朝鮮領土之安全，由日清兩國擔保之。

丁、朝鮮成為世界之中立國，由我國召集歐美各國與清國，朝鮮國之地位，與歐洲之比利時、瑞士相同。（《蹇蹇錄》）

上述幾點是日清開戰後，以日本立場預設的選項。上述四個提案均會改變當時狀況，因此各案比重也不相同。當然，與日本利害關係不一致的國家，就會挑選四案當中日本未選擇的方案，甚至也會思考上述四種提案以外的選項。日本採用乙案，基本政策是讓朝鮮成為保護國。井上馨將自己的對朝政策稱為「英國的埃及政策」，由上述說法可窺見政策的內涵。同時，這也表示日本最後放棄丙案的兩國共同保護，以及丁案的多國間中立國方案。

丙案如先前所述，西元一八八五年日清締結《朝鮮撤兵條約》後，立刻針對此事進行討論，此外，日清開戰進行停戰談判時，此案也再度搬上檯面。丁案則如上所述，是西元一八八二年壬午事變後，由井上毅計劃的方案，在此之後，日本或多或少無法放棄這種構想。有「日本陸軍之父」稱號的山縣有朋的《外交政略論》，主張日本的「主權線」與「利益線」，此著述被稱為日本帝國主義的原型，因此相當知名。若仔細研讀這本著作，可發現山縣有朋也提倡朝鮮中立化的構想。

上述兩種方案的形式雖然不同，但前提都是與他國合作。因此，放棄這兩種路線，表示日本為確立朝鮮地位，採取不與他國合作的方案。日清兩國開戰，日本判斷兩國爭奪之下，朝鮮半島的利益將匯流集中，所以日本以戰勝為前提，實行上述方針。

❖ 日本的衰退與失敗

西元一八九五年四月十七日，清日簽訂《馬關條約》，條約第一條載明清朝「確認朝鮮國為獨立自主國家」。當然，如陸奧宗光於甲案所述，朝鮮真正的獨立，不由日本決定。雙方不惜開戰，爭奪的並非過去的「屬國自主」，而是由日本「保護並扶持朝鮮獨立」。

為達成目的，必須進行朝鮮內政改革，也就是日清開戰的理由。日本的方案是由日本單獨改革朝鮮內政，讓朝鮮成為「名義上的獨立國」。這就是駐朝鮮公使井上馨主導的「甲午更張」。所以，「甲午更張」不完全符合朝鮮利益，還受到日本勢力強弱左右，也是理所當然。於是，日本與朝鮮的對立不斷悶燒，三國干涉還遼時，此種狀況亦浮上檯面。

日本戰勝清朝，兩國簽訂《馬關條約》，清朝同意割讓遼東半島。條約簽訂六天後，俄羅斯、法國與德國旋即表示日本佔領遼東半島，會讓朝鮮的「獨立」有名無實，阻礙遠東地區和平，要求日本政府歸還遼東半島。日本最終只能屈服於三國的干涉。此舉立刻對朝鮮造成直接影響。

日本先前強制進行改革，此時日本的威信瞬間蕩然無存。因「甲午更張」失去地位而感到不滿的派系，集結至閔妃處，計劃依附俄羅斯勢力，收復失地。

日本的政策每每受到俄羅斯牽制與阻撓，不得不停止。朝鮮政府內部親俄派官員崛起，取代與日本合作的勢力。宮廷與政府分離的政策遭到撤銷，改革大開倒車。當時的公使井上馨束手無策，只能袖手旁觀。

❖乙未事變與政變的代價

西元一八九五年九月一日，陸軍中將三浦梧樓取代失意的井上馨，就任駐漢城公使。這項人事變動是三國干涉還遼、日本陷入困境所造成的結果，這點應該相當清楚。即便如此，此時仍不見日本政府思考如何挽回頹勢。一個月後，三浦梧樓做出令人意想不到的野蠻行為。

十月七日深夜到八日破曉之間，日本公使館職員、守備部隊與顧問等人士入侵景福宮，襲擊皇宮寢室，殺害閔妃，燒毀閔妃遺體。這是著名的閔妃暗殺事件，也就是乙未事變。同時，他們扶植大院君執政，立刻著手改造朝鮮政府。他們一掃執政的親俄派，再度組織與日本合作的第四次金弘集內閣。

希望打破僵局，又或是抱持自己的信念，三浦梧樓才發動政變。當然，他的暴行大受抨擊。各界若只是譴責三浦梧樓還可容忍，但批評聲浪甚至對日本的政策與國家利益，造成莫大影響。

第四次金弘集內閣持續推行改革，下令進行軍制與稅制改組。此外也改用陽曆，將舊曆乙未年十一月十七日，改為西元一八九六年一月一日，並改年號為「建陽」，同時頒布斷髮令。然而，這項改變舊習的措施，在政府內部遭受強烈抵制，認為斷髮是「夷狄之法」，反對聲浪高漲。由後人眼光看來，這就是金弘集內閣的致命原因。

再怎麼說，金弘集政權都只是被迫跟隨日本的內閣。金弘集本人應該也明白這一點。即便如此，他仍看見改革的可能性，選擇與日本合作。閔妃遭到暗殺的真相，也由他負責隱瞞。但是，他的感受卻無法得到眾人諒解。

銷聲匿跡的「衛正斥邪」派，此時再度崛起，他們高喊「為國母復仇」，批評斷髮令即為捨棄「小中華」名號，墮落為「夷狄」。西元一八九六年一月，「衛正斥邪」派舉兵，欲推翻政權，史稱「初期義兵運動」。

初期義兵運動範圍擴及各地，漢城派出軍隊鎮壓，導致護衛首都政權的武力空虛。乙未事變時，李範晉與李完用等遭中央政權排擠的親俄派人士，趁隙發動政變。俄羅斯水兵進入漢城，親俄派在他們的幫助下，將高宗父子帶離景

滯留於俄羅斯公使館的高宗

福宮，移居貞洞街的俄羅斯公使館，建立新政府。此時為二月十一日，這場事件史稱「俄館播遷」。

日本外務省擔心暗殺閔妃成為國際問題，於是立刻召回公使三浦梧樓，由後任的小村壽太郎接手。小村雖是十年後日俄戰爭的主角之一，但此時對「俄館播遷」也一籌莫展。

日清開戰，或說是日本戰勝後，日本挾著自身力量，計劃單獨進入朝鮮，對此時的日本來說，這是最後的挫折。日清開戰的藉口是朝鮮內政改革，此時改革卻破綻盡現，且此事的意涵不僅如此。日本戰勝，本應讓朝鮮實際成為保護國，現在卻不得不放棄。至少在朝鮮相關事務方面，日本戰勝日清戰爭的意義，幾乎消失殆盡。

❖ 日俄勢力平衡

雖說如此，若是認為親俄派取代親日派掌握實權後，俄國就會取代希望讓

小村壽太郎

朝鮮成為保護國的日本，使朝鮮完全成為俄國的從屬國，這種結論過於輕率。日本急進朝鮮，俄國當然不高興，但未必代表俄國的方案，是將朝鮮納入勢力範圍。日清開戰時，俄國與先前一樣希望朝鮮半島「維持現狀」。日本戰勝與清朝戰敗，出乎俄國意料，因此必須重新思考過去的遠東政策。

首先，俄國的利益考量，由朝鮮半島轉移到東三省，也就是滿洲地區。俄國取得修築鐵路與借地的利權，滿洲地區的利益因此增加。不過，此事並不代表俄國對朝鮮不聞不問。

此外，俄國鎖定的目標是朝鮮「維持獨立」。三國干涉還遼，亦顯示俄國的利益考量。俄國的利益考量與親俄派結合後，甚至擊退日本勢力。單以這點看來，對俄國來說，「俄館播遷」所突顯的狀況，已十分足夠，不須急於進一步軍事入侵。

日本雖不情願，也只能接受。即便如此，日本也未全面退出朝鮮。西元一八九六年五月，日俄雙方於漢城簽署《韋貝．小村覺書》（Komura-Weber Memorandum），六月在莫斯科簽訂《羅拔諾夫．山縣議定書》（Yamagata-Lobanov Agreement），顯示出日本的意圖。

《韋貝．小村覺書》約定朝鮮政府維持現狀，以及日俄的軍事配置；《羅拔諾夫．山縣議定書》則訂定日俄兩國在朝鮮的利權。以小村壽太郎的話來說，朝鮮「應由最有利益的日俄兩鄰國共同保護之，此法最為妥當」，也就是說，日方在主觀上，期待朝鮮處於日俄「共同保護」的位置。

回顧日清開戰時，陸奧宗光訂定的計劃，包括乙案在內的四種方案，均遭到否定。然而，以日本立場看來，目前狀態勉強符合丙案的兩國「共同保護」狀態，只是過去的對象清朝，改由俄國取代。此種情勢，有如西元一八八五年《朝鮮撤兵條約》之後，或是說日清開戰前夜的時刻。

但是，此種情況也與先前有所不同。《朝鮮撤兵條約》規定雙方撤兵，當時清朝仍屹立不搖，且清朝與英俄兩國都達成一定的共識，維持多角且多方面的「共同保護」狀態。反之，此時的「共同保護」僅有日俄兩國互相抗衡，因此更加不穩定。

無論如何，清朝兵力因日清戰爭潰敗，對朝鮮施加的壓力迅速減少。日本勢力雖因此增長，但不久之後，俄國便取代清朝，壓制日本勢力的增長。

日本與俄國都想侵略朝鮮，朝鮮可依賴日俄兩國，卻也必須忌憚兩國的保護，日本與俄羅斯的勢力雖在朝鮮並立，但當時情況由俄國取得優勢，日本居於劣勢，在朝鮮半島佔有壓倒性優勢的外國勢力並不存在。朝鮮的國際地位，在法律上依然曖昧不明，暫且回到勢力平衡的狀態。

❖ 俄館播遷的意義

在朝鮮國內政治脈絡下，如前所述，「俄館播遷」是打倒第四次金弘集內閣的政變。不過，此事的意義並非只是政權交替以及朝鮮對外政策的更動。在這期間，除了首相金弘集遭虐殺外，財政大臣魚允中也在逃亡途中遭殺害，外相金允植則遭逮捕與流放。甲申政變時，獨立黨與激進開化派潰敗，此時的「俄館播遷」，則抹殺了穩健開化派人士的人生與政治生命。朝鮮僅剩高宗與年輕的親俄派官僚，但在此種狀況下，政府反而趨於穩定。

以金弘集等人為首的穩健開化派，在日清戰爭前，就經常負責外交談判，但他們並未輕易與西方列強締結關係。這派人馬重視日清兩國現有勢力，不對遙遠的西方抱持幻想。

黨派間時常提出單方面與日清兩國，或與列強中特定國家締結關係的意見，但各方的極端行動受到壓制，亦將朝鮮與清朝的傳統關係納入考量，並且不屈從清朝過度施加的壓力，適度保持雙方平衡。穩健開化派的角色與存在，體現出過去朝鮮的「屬國自主」，以及屬國自主帶來的勢力平衡。

無論穩健開化派是否認同清朝退場，都只能接受「親日」的路線，但他們也因為俄國登場，而消失在歷史上，上述經過相當具代表性。清朝的存在，或說是「屬國自主」，已無法對朝鮮政治造成影響，形成一個時代的終結。

但是，朝鮮的故事仍未結束。「屬國自主」走到終點，國家將呈現何種面貌？朝鮮仍須面對相當大的問題。而這個問題，並不完全與清朝從朝鮮歷史中消失相關。

三、大韓帝國

❖ 皇帝即位

甲午年十二月十二日，也就是西元一八九五年一月七日，朝鮮國王高宗率宗親百官拜謁宗廟，在祖宗靈前奉告誓文，「割斷附依清國慮念，確建自主獨立基礎」，宣告廢棄清韓宗屬關係。以此為據的法令，其中一節內容如下：

我朝鮮國原為堂堂自主獨立之國，途中遭清國干涉，損傷國體與國家權力。

不久後，國王與王妃尊稱，改為與清朝帝后相同位階的「大君主陛下」與「王后陛下」。此外，他們也毀壞漢城城外迎接清朝使節的「迎恩門」。上述兩項措施，都是為了完全切斷朝鮮「依附」清朝的宗屬關係。

此時是日本主導之下，強制進行「甲午更張」的時期。當時宗廟誓文依據井上馨公使建議寫成。約三個月後，《馬關條約》第一條訂定朝鮮國為「獨立自主國家」，上述文字與措施，確實都以日本的企圖為根據。朝鮮雖厭惡日本強制進行改革，但「獨立自主」一事，卻正如朝鮮所意。

朝鮮過去的狀態是「屬國自主」，若將「自主」視為無庸置疑的狀態，對朝鮮來說，「獨立」就是以「自主」為基礎，脫離「屬國」。

朝鮮與自己鄙視的「夷狄」清朝締結宗屬關係，成為清朝屬國，此舉的優點，僅是清朝不對朝鮮造成威脅，清朝亦能協助朝鮮抵禦外敵。清朝一旦失勢，朝鮮就再也不能依賴清朝抵禦外侮，也就不須持續「屬國」關係。

因此，朝鮮必須將過去的「屬國」改為「獨立」，「屬國自主」轉為「獨立自主」，此事是朝鮮在這個時期的重要課題。即便經歷「甲午更張」、乙未事變，以及「俄館播遷」，就算日本不再施壓，朝鮮的意願仍未改變。

「俄館播遷」是「甲午更張」的倒退。這場行動否定近代政治組織，以及政府與宮廷分治的措施。他們再度決定由「大君主」「萬機親裁」，大幅強化君權。政變接連不斷，因而產生君主專制化的狀態，過去在閔氏政權掌權的官僚與黨派皆已潰敗，從政治舞臺消失，因此必定會造成這種結果。然而，外國公使館認為該種專制君主相當棘手，因為此種狀態並不尋常，且攸關國家顏面。

朝鮮的政治情勢，雖因「俄館播遷」達到穩定狀態，但並不代表政府的反對勢力已然消失。在朝鮮各地興起的義兵運動，便是其中一例。義兵運動拒絕接受開化路線，無論主政的是親日還是親俄政權，他們都不滿意。因此「俄館播遷」後，朝鮮政府必須繼續進行鎮壓。日本的守備部隊在朝鮮各地交戰，有時也被擊退，西元一八九六年中期，終於平定義兵運動。

另外，還有獨立協會的運動。西元一八九五年底，徐載弼受金弘集政府招募，由美國回到朝鮮。他曾和金玉均一起參與甲申政變，後來逃亡至美國，在當地與美國人結婚，取得美國身分。他未擔任政府要職，反而在西元一八九六年四月，創辦與發行《獨立新聞》，開啟提倡自主獨立與文明開化的論調。《獨立新聞》每週發行三次，是第一份用韓文書寫的報紙，對象為廣泛民眾，不限於舊時知識分子。對他們的主張有共鳴的人士，在同年七月集結組織為團體，也就是「獨立協會」。

他們透過報刊批評政府，除報刊的主張以外，還實際進行運動。建設獨立門就是他們的代表作。他們在迎接清朝使節的迎恩門之毀損遺跡旁，建造一座仿效巴黎凱旋門的拱門，於西元一八九六年十一月二十一日奠基，並於一年後的十一月二十日竣工。這場運動雖名為「獨立」，但主要意義是由清朝獨立，不遺餘力提倡將過去的「屬國」改為「獨立」。

朝鮮政府雖不滿獨立協會的批判，但對他們「獨立」、「忠君」與「愛國」的主張並無異議。此外，政府也認為高宗滯留於俄羅斯公使館不等於「獨立」。眾人雖已針對返回宮殿一事，進行多次討論，但每次都因「時機未到」而

上｜迎恩門

下｜獨立門

遭到否決。「俄館播遷」後的一年，高宗終於在西元一八九七年二月二十日，離開俄羅斯公使館，回到修建完成的慶運宮（現為德壽宮）。西元一八九七年八月改年號為「光武」，並於十月十二日即位為帝。此外，也將國號改為大韓帝國。兩年十個月前，高宗向祖宗奉告的「自主獨立」，終於邁出第一步。

❖ 要求締約

即便如此，上述事項仍是朝鮮單方面的意圖與行動。若想脫離「屬國」邁向「獨立」，那就必須重新訂定朝鮮與清朝的關係。清朝對朝鮮來說仍是一大問題，原因如下。

朝鮮政府大致穩定內外情勢後，開始與清朝接洽。西元一八九六年六月十八日，朝鮮政府針對正式變更朝鮮與清朝關係一事，向駐漢城的「委辦朝鮮商務總董」唐紹儀，詢問締結條約的意願。

唐紹儀是廣東人，先前與穆麟德一同前往朝鮮，也曾赴美留學。袁世凱赴任朝鮮後，他一直負責輔助袁世凱，也曾經代理袁世凱的工作。日清開戰前夕，袁世凱逃回中國，在袁世凱離開期間，唐紹儀負責與朝鮮及日本交涉，但由於朝鮮廢止《中朝商民水陸貿易章程》等朝鮮與清朝舊有的協定，他失去駐留朝鮮的依據，因此短暫回國。然而，由於必須保護居留朝鮮的華人商人，朝廷任命他為商人總代表「總董」，再度赴任朝鮮。此事發生於西元一八九五年底。

也就是說，此時唐紹儀並無權限與朝鮮締結條約關係。然而，以他的立場與經驗而言，唐紹儀實際上是以清朝政府代表的身分，進行各項活動。

朝鮮的口譯官朴台榮，負責向唐紹儀徵詢意見。雙方位階雖都不高，會談中的論點卻相當重要。朴台榮對唐紹儀表示：

> 今既廢舊章，亦不可不修新約。如不重修新約，維恐各國必有詰問。

唐紹儀則唐突回應：

> 但今國王仍駐俄館，究係俄賓，既假宮於他國使館，何能稱為獨立國主？是無獨立之權，又何能派使？此亦係公法之所載也。

朴台榮繼續追問：

聞有俄兵三千來韓保護漢城之說。倘俄兵一到，君主必返宮，是時派使赴華如何？

但是，唐紹儀仍表示拒絕：

他國兵士駐紮彼國都城，即為他國保護之國，無此兵則不能獨立，是王仍無自主之權。既為他國保護，始能立國，究與舊藩屬有何異乎？其不能派使，此亦係公法所不許也。鄙見如是，若王逕行派使中國，恐不以禮相待，似宜緩行為好。（《清季中日韓關係史料》）

朝鮮的理論清楚易懂。朝鮮「獨立自主」已透過《馬關條約》受到國際認可，清朝若不在各國面前認同朝鮮獨立，便會造成朝鮮的困擾。為證明清朝認同朝鮮獨立，朝鮮必須與無正式交流關係的清朝，重新締結條約。

對此，唐紹儀則表示，即便清朝想承認朝鮮為獨立國，也辦不到。因為朝鮮政府位於我國公使館內，實在無法稱之為「獨立」，他認為朝鮮目前的狀態與「保護國」以及「藩屬」無異。

❖清朝的態度

上述談話內容為清朝紀錄，目前尚無法看到朝鮮方的資料。因此，實際發言是否真為如此，仍有疑慮。不過，至少就上述言詞交鋒而言，是依照清朝意願寫成。簡言之，清朝仍將朝鮮視為「藩屬」。

此事並非無前例可循。西元一八八〇年代，越南與緬甸等清朝「屬國」，成為西方列強殖民地時，清朝也採取此種策略，表示這些國家仍是清朝的「屬國」。條約記載「不損清朝顏面」等文字，要求他們繼續實行朝貢禮儀。

若以前例為鑒，朝鮮與上述國家同樣都不再是過去的「屬國」，清朝卻仍視之為「屬國」。然而，朝鮮並非成為其他國家的殖民地或保護國，而是「獨立」，這點是決定性的差異。清朝首度遇上此種情況。

清朝認為朝鮮並非「獨立」狀態，由於不可與非獨立國締結對等關係與條約，因此駁回朝鮮要求。其中必須注意的是，清朝採取此種態度時，唐紹儀必定提到「公法」，以國際法為依歸。

這是日清戰爭對清朝產生的巨大影響。清朝過去以傳統宗屬關係為基礎，強迫對方承認「屬國」，但現在若不先提到國際法，便無法維持「屬國」狀態。由於清朝戰敗，實力與威信大幅下降，因而產生此種情況。

所以，另一方面，唐紹儀也表示憂慮，認為朝鮮若獲得各國支持，要求與清朝建立外交關係，派遣使節並上呈國書，此時再怎麼以國際法反駁朝鮮，也難以回絕。除唐紹儀外，其他人也認同上述觀點，並表示擔憂。清朝本國也有相同感受。

西元一八九六年底，清朝政府任命唐紹儀為駐朝鮮總領事。他的實際任務是保護居留朝鮮的華人，對外意義則是先發制人，由清朝先派外交官至朝鮮，以免朝鮮派遣使節赴清。

由於必須遵從國際法，所以唐紹儀不能像日清戰爭之前的袁世凱，採用與其他國家不同的頭銜。因此，清朝不將唐紹儀任命為公使，也就是正式派遣的外交官，而是仿效當時的英國與德國，採用總領事的頭銜，表示朝鮮與清朝並非「對等」關係。

❖ 交涉停滯不前

西元一八九七年一月一日，唐紹儀以總領事的身分進入漢城。此時，高宗仍避居俄國公使館，但事情已開始有新的改變。

高宗於二月離開俄國公使館，此事當然不是由朝鮮單方面控制，而是朝鮮不斷與俄羅斯交涉的結果。高宗即位為皇帝，建立大韓帝國後，雙方仍持續交涉，限縮俄國在朝鮮的權益，包括停止僱用俄國顧問與教官，以及撤離俄韓合辦的銀行等。

政府以此舉回應獨立協會的主張。獨立協會喚醒反清獨立輿論，接著又進行反俄運動，抵制俄國明顯的入侵，他們的目標是讓朝鮮成為名副其實的獨立國家，因此與反清及反俄亦有些許相關。政府接受他們的主張，此事也富含重要意義。

過去一年來，朝鮮與清朝的交涉過程，是否影響朝鮮的未來走向，我們並不清楚。先不論是否意識到上述事件的影響，客觀來說，最後產生此種結果，是因為清朝嚴厲指出俄國對朝鮮的「保護」行為，而朝鮮為擺脫俄國保護所致。

清朝因「俄館播遷」，拒絕承認韓國「獨立」，亦不進行條約交涉，但此種「保護」狀態已逐漸消失。因此韓國政府站穩立場，再度嘗試與清朝談判。

清朝態度依舊相當冷淡。即便高宗即位，唐紹儀仍表示，當初從未認同朝鮮「獨立」，所以清朝不可能將朝鮮「國王」視為「皇帝」，也無法認同皇帝稱號。雙方以對等立場締約，更是天方夜譚。

儘管如此，各國對於大韓帝國建立，並未特別提出異議。由於清朝以國際法為依歸，地位與各國無異。因此，也無法持續拒絕韓國締約的要求。

時至西元一八九八年，韓國政府再度與清朝接洽，列強相繼提議改變清韓關係。清朝原想透過任命唐紹儀為總領事，暫且息事寧人，但事已至此，亦不得不重新思考清朝與韓國的關係。

但清朝政府的態度，並未因此大轉彎。即便與韓國重新建立關係，清朝也想展現「昔日主僕之別」，清楚顯示出雙方地位不對等以及上下尊卑的關係，這是清朝一貫的態度。

清朝的盤算，是由本國派遣使節至韓國，而非韓國遣使至清朝，且雙方不締結條約，而是訂定「通商章程」。韓國提議遣使至北京並締結條約的對等形式，清朝仍無法接受。

但是，由於俄國、日本與英國一再勸說北京總理衙門，清朝於七月初終於決定答應韓國遣使，以及締結通商條約。即便如此，清朝仍不打算接受韓國派遣的使節為代理公使，國書也不可直接上呈給皇帝，而是由總理衙門經手。清朝認為雙方地位並不對等，立場無可退讓。

駐留於漢城的唐紹儀，仍舊堅持由清朝派遣使節。他認為以總理衙門的方式，難以顯示過去的上下尊卑關係，此外，負責締結條約的使節，不將國書上呈給對方元首一事，也不合乎「公法」，所以他表示反對。無論何種方式，都與韓國期待的形式相去甚遠。

❖ 清韓締約

上述駐外機構與本國的應對，全由清朝光緒皇帝決定。八月五日，光緒下達諭旨，表示應全數接受韓國要求。他的命令不僅改變由清朝派遣使節的方針，自西元一八九六年以來便停滯不前的清韓條約交涉，也因此突然開始啟動，訂下實際日程。不久後，他便任命曾外派美國的徐壽朋為「出使朝鮮大臣」，唐紹儀則因服喪回國。

光緒全數更換日清戰爭前任命的官員，清韓關係終於進入全新階段。自隔年起，徐壽朋赴任朝鮮，於二月一日向高宗上呈國書，並於九月十一日締結《清韓通商條約》。

回顧上述經過，清朝為何在西元一八九八年夏天，突然轉變態度，改採締結條約的方針，實在令筆者相當疑惑。由於目前尚未出現可解釋此事的史料，因此筆者也不得而知。但筆者認為，應是因為不論國際或國內，都發生讓清朝不得不改變態度的事件。

國際方面，進入西元一八九八年，列強在中國的利權之競爭趨於白熱化。

三月，德國租借膠州灣，以及俄國的《旅大租地條約》，都使列強的勢力角逐更加激烈，中國分裂——也就是「瓜分」——的危機意識升高。清朝在此狀況下，終於開始進行戊戌變法。

戊戌變法欲改革舊制，成為近代國家，將中國舊有的華夷觀念，改為列國並存的國際觀，開始翻轉清朝的世界觀。清朝於八月政策大轉彎，決定與韓國締結條約，便忠實反映出世界觀的轉變。清朝將韓國的位置，從過去的「屬國」改為「友邦」，這種世界觀的轉換，若與光緒皇帝的決定無關，就完全說不通了。

清朝政府自此之後，便與韓國保持「交際之禮」，雙方關係「與各國通例相符」。徐壽朋攜帶的國書中，有以下內容：

比年，環球各國均以自主自保為公義。是以光緒二十一年，清日馬關條約第一款，清國認明貴國獨立自主。

文字敘述當中，僅表示遵守《馬關條約》第一款。然而，實際上清朝訂定條約後，雖承認朝鮮「自主」，但對朝鮮「獨立」一向絕口不提。經過將近四年的時間，清朝終於一致認同朝鮮的「自主」與「獨立」，正式承認朝鮮獨立。

西元一八九九年八月十七日，《清韓通商條約》正式簽訂約兩週前，大韓帝國頒布憲法《大韓國國制》，第一條為「大韓國乃世界萬國所公認自主、獨立之帝國」。

韓國能夠公開宣布此事，也是因為雙方締結條約，韓國與清朝進入對等關係的緣故。向祖宗宣誓四年半後，韓國終於迎接獨立之日。

四、一九〇〇年

❖「獨立自主」的機制

上述內容若無錯誤，韓國能夠「獨立自主」，可說是國際因素巧妙結合的產物。日清開戰以來，由日本主導的「獨立」方向，不久便因朝鮮政府與俄國的忌憚而功虧一簣。當然，假使當時韓國獨立成功，但由於日本的目標是將韓國當作「保護國」，即便真的獨立，也不知能夠持續到何時。以朝鮮立場而言，名目雖為「獨立」，實質上卻不是「自主」。

西元一八九六年的「俄館播遷」，表示日本主導的改革與「獨立」失敗。此事同時也顛覆日本壓倒性的優勢，朝鮮成為日本與俄羅斯相爭之地，達到微妙的勢力均衡狀態。在此狀況下，朝鮮再次立志獨立。此時，朝鮮的目標是清朝。

然而，清朝的態度與過去差別不大。清朝舉著「公法」的旗幟，因此更無法認同「俄館播遷」「保護」下的朝鮮政府是「獨立」國家，不輕易鬆口答應朝鮮締結條約的要求。

西元一八九八年三月底，俄國的《旅大租地條約》，終於讓事情出現轉機。列強「瓜分」中國，清朝改革的氣勢一振，對外態度亦有所改變。此時，清朝終於將「屬國」朝鮮視為「友邦」。清朝正式承認高宗的皇帝身分，以及大韓帝國建立等既定事實，西元一八九九年，清朝與韓國簽訂對等的通商條約。

其中必須注意的是，俄國租借旅順與大連，除了讓清朝產生危機意識外，也挑起韓國與日本相當程度的警戒，除此之外，自西元一八九六年以來，皆保持微妙平衡的勢力分配，並未產生巨大變動。日本在朝鮮半島的政治勢力消退，俄國也還未派軍佔領滿洲，此時仍繼續保持上述之勢力平衡。

西元一八九八年四月，俄國確定可租借旅順與大連之前，日本外務大臣西德二郎，與俄羅斯駐日公使羅森（Roman R. Rozen）締結協定。內容再度確認《羅拔諾夫．山縣議定書》的協議，其內容確定韓國獨立，不干涉韓國內政，且日本在韓國具有經濟優勢。藉此，日本也默認俄羅斯的旅大租借地。

日本在協議前，曾提出滿韓交換方案，建議以「滿洲與其沿岸完全在日本利益與關係範圍之外」，換取「日本有義務給予韓國建議與協助」，但雙方並未達成協議。上述方案懸而未決，或者可說，懸而未決反而是萬幸，因為此事可鞏固當時朝鮮勢力均衡的情勢。

日清戰爭前，朝鮮半島的軍事真空狀態，讓朝鮮得以維持「屬國自主」，此時的勢力均衡，同樣是軍事真空狀態再現。日本勢力消退，朝鮮失去名義上的「獨立」。但由於處在勢力平衡狀態，反而恢復實際的「自主」。

若想將過去的「屬國自主」轉變為「獨立自主」，那就必須維持可實現「自主」的勢力均衡，並否定清朝宣稱的「屬邦」。自西元一八九七年大韓帝國建立，直到西元一八九九年締結《清韓通商條約》，上述過程都實現了上述內容。

筆者再次簡單整理如下。朝鮮或韓國的「自主」，取決於國際勢力平衡，朝鮮半島必須處於軍事真空狀態。「獨立」則需清朝等國家的承認。

日清戰爭前的「屬國自主」，已具備第一項條件，但相關國家對第二項條件的理解並不一致。然而，此事卻對於確保朝鮮「自主」一事，有一定的貢獻。「甲午更張」時期，雖已具備「獨立」條件，實際上卻無法「自主」。而「俄館播遷」時期，則與「甲午更張」的情況相反。條件兩者兼備，已是西元一八九九年的事了。

❖ 俄羅斯佔領滿洲

因此，韓國獨立自主的前提，就是確保「自主」。國際勢力平衡則是維持「自主」不可或缺的條件。然而，西元一九〇〇年，上述前提卻突然消失。此時義和團事件爆發，俄國隨之佔領滿洲。

清朝在日清戰爭戰敗，北洋軍潰散，過去清朝對朝鮮半島的影響力，也因此減弱。即便如此，由於國土接壤，清朝也無法與俄國、韓國劃清界線。儘管清朝對外已無強大軍事力量，但只要擁有滿洲，清朝依舊能夠發揮阻隔俄國與朝鮮半島的功能。在這一層意義上，清朝的存在，對於日清戰爭後的勢力平衡狀態，也有其貢獻。

然而，滿洲若出現強而有力的軍事力量，情況就完全不同了。俄國佔領滿洲，即為此事之轉折。

從以前開始，俄國就擁有不少滿洲地區的利權，例如中東鐵路、旅順與大連的租地等等。然而，投入大軍進行軍事佔領，與維持上述利權的層次完全不同。在此之後，俄國亦要求在滿洲自由行使權利，並對清朝施壓。

接著，由於俄國為擴大並鞏固自身勢力，也將朝鮮半島納入考量。當然，俄國並未立刻對朝鮮半島與韓國出手。不過若想經營滿洲，也不可能對毗鄰滿洲的朝鮮半島不聞不問。過去清朝為確保東三省安全，認為朝鮮半島必須從屬於清朝，此時俄國的利益考量，與過去的清朝相去不遠。

日本因「俄館播遷」遭遇挫折，締結《韋貝．小村覺書》與《羅拔諾夫．山縣議定書》後，在政治上也未對朝鮮半島採取積極態度。勢力均衡狀態持續存在，即便日本不積極介入也無所謂。上述的《羅森．西協定》即為此事象徵。

如協定內容所示，日本與俄國交涉時，基本上討論主題僅限於朝鮮半島內，並未擴及滿洲。位於朝鮮半島北方的軍事威脅，此時勢力仍不強大，日本因此採取此種態度。不過，當俄國佔領滿洲，危及勢力均衡時，情況就有所不同了。

自明治維新起，日本便意識到，朝鮮半島若落入敵對勢力，也就是俄羅斯手中的話，日本列島即為「俎上之肉」，對日本來說是一大威脅，因此於西元一九〇〇年後，日本更加關心朝鮮半島的政治與軍事利害關係。而且，這次事件還與日本先前擱置不管的滿洲有關。

這段期間，僅以過去的政策態度，韓國政府已難以處理此事。韓國的軍事力量，原就不足以對抗周邊各國。勢力均衡是「自主」的必要條件，但這項條件的形成，本就以列強為主體，韓國僅是加以利用罷了。但是，既然列強與日俄的利害關係已發生改變，也就不能繼續維持現狀。韓國必須積極保持勢力均衡的狀態。

❖韓國中立化

以西元一九〇〇年為界，韓國、俄國與日本之間，針對朝鮮半島的國際地位，展開變幻莫測的外交談判。其中，必須注意的是韓國中立化提案，以及各界對此事的反應。

西元一九〇〇年八月，自韓國駐日公使趙秉式對日本提出韓國中立化方案起，直到日俄於一九〇四年開戰為止，韓俄雙方均一再以各種形式提議此事。韓國政府的目標，是以獨立自主為前提，維持勢力均衡。當前的勢力均衡僅是事實，且相當不穩定。韓國希望能以法律維持多國平衡，永續維持此種狀態。

俄國的目標當然與韓國不同。韓國中立化的方針，由俄國財政大臣威特（Sergei Witte）立案及主導，與經營滿洲之事息息相關。俄國在完成中東鐵路，經濟與政治上皆一手掌握滿洲以前，都得對日本入侵朝鮮半島防患未然。

反之，以日本立場看來，韓國中立化方案使韓國成為「列國保障下的中立國」，表示須透過國際力量，維持朝鮮半島的現狀，但此事發生機率微乎其微。

因為俄國佔領滿洲，勢力均衡瀕臨瓦解。

八月底，日本貴族院議長與東亞同文會會長近衛篤麿[2]與趙秉式會談，如實敘述當時情況。

中立國至少須擁有自衛能力，而能介於數國之間，其國存廢須與數國利害相關。故其一國對中立國顯露出野心，其餘數國必約定合而討伐之。朝鮮國情與此不符，僅日俄兩國與朝鮮有利害關係。其餘鐵路、礦山等利益問題，亦與朝鮮存廢無關痛癢。故朝鮮中立一事，不應產生異議，俄國若在朝鮮（達中立後）顯露野心，恣意妄為，列國亦不可能開戰與其爭奪。此事僅能退守。此時，僅有日本應開戰與其相爭。然俄國不輕易顯露野心。若非完成滿洲之經營，與日本開戰亦有勝算之時，否則不輕易出手。日本即便知曉俄國野心，然礙於中立國之約，亦須靜待俄國準備完成。（《近衛篤麿日記》）

2〔編註〕：近衛篤麿（1862-1904），日本明治後期華族、政治家。近衛篤麿曾擔任日本貴族院第三任議長、第七任學習院院長、帝國教育會首任會長。本姓藤原。後來日本首相近衛文麿之父。

日本早在日清戰爭時，便放棄朝鮮半島中立化的方針。當時「與朝鮮有利害關係」的國家是「清朝與日本」，此時則為「俄國與日本」，只是將對象由清朝改為俄國，情況與日清戰爭時無異。

對日本而言，由於利害關係僅與日俄兩國相關，由多國保障韓國中立，並無實際效用。此外，《韋貝．小村覺書》雖訂定實際「共同保護」關係，但當前的狀況與締約時的軍事勢力關係已完全不同。若以日清戰爭開戰時，陸奧宗光的計劃來看，此時情勢別說丁案的中立化方案，就連丙案的共同保護也已無法成立。

因此，自西元一九〇〇年以後，韓國與日本的立場，必定走上分裂之路。韓國推行中立化政策，是因為俄國軍事威脅由滿洲壓境，必須設法維持勢力均衡與獨立自主。此外，由於朝鮮半島與滿洲密不可分，日俄基於自身利益，欲處理朝鮮半島，因此韓國也必須試著與日俄兩國的利害關係抗衡。韓國希望透過多國之間的保護，使朝鮮半島成為中立地區，暫且與滿洲情勢劃清界線，保全本國。

對此，日本則認為滿洲與朝鮮半島無法分割。日本面臨俄國佔領滿洲，以及勢力均衡瓦解，已無法像《羅森．西協定》時，單純由日俄兩國瓜分朝鮮半島與滿洲利權，不對滿洲多加置喙。滿洲與朝鮮半島的勢力分配密不可分，相互關聯，日本的想法轉為「滿韓一體」以及「滿韓不可分」。日本針對滿韓交換，也就是在朝鮮半島劃定勢力範圍，並使朝鮮成為保護國一事進行交涉，亦是因為日本將此視為生死交關的問題。

由此看來，由於韓國中立化妨礙日本進入朝鮮半島，因此必定對俄國有利。所以當初提案時，日本即斷定韓國與俄國通謀。不久後，日本陷入與俄國避戰或開戰的選擇題當中。無論選擇何種方案，最後都會犧牲韓國的獨立自主。

❖ 英日同盟與日俄戰爭

西元一九〇二年一月三十日，日本與英國在倫敦締結「第一次英日同盟」。「第一次英日同盟」承認日本在韓國擁有「特殊利益」，兩國結盟的目的，當然是阻止俄國在遠東地區南下侵略，只要回顧雙方考量，便能瞭解前後的歷史軌跡。俄國佔領滿洲後，日本政府內同時存在伊藤博文的「日俄協商論」，以及山縣有朋與加藤高明的「日英同盟論」。首先，應選擇俄國或英國，與日本達成一致的利害關係，攜手合作，便是一大問題。另外，此事也與處理韓國事宜的方式直接相關。

俄國為確保滿洲勢力，計劃對南方的軍事威脅設下屏障。其中一環就是韓國中立化政策。日本若選擇與俄國合作，且不再推行其他方案，即便俄國能夠容許日本進入韓國，開放範圍也僅限於一部分，不可能擴及朝鮮半島全境。

反之，若選擇與英國合作，日本的對韓政策就不會受到限制與束縛。此外，自西元一八八〇年代中葉起，英國即著手進行防止俄國南下的工作，過去也曾主張朝鮮應從屬於佔盡優勢的清朝。英國當時對清朝的支持，甚至可說是實際上的同盟關係。日清戰爭清朝戰敗，不再是可靠的盟友，因此日本取代清朝，成為英國支持的對象。想當然，英國也認為韓國應從屬於日本。

日本最後選擇英日同盟。先前小村壽太郎對韓國採取積極入侵的政策，以及日清戰爭以來英國向日本靠攏，都是英日同盟的成因。

當然，英日同盟不代表日俄交涉中斷，或是無法避免兩國武力對決，而是透過英日締結同盟條約的壓力，逼迫俄國讓步。果然，俄國終於同意由滿洲撤軍。西元一九〇二年四月八日，俄國與清朝簽訂《交收東三省條約》（又稱《俄國撤兵條約》），約定一期為六個月，分為三期全面撤兵。

然而，如小村壽太郎所料，俄國並未履行第二期的撤兵計劃，反而滯留在滿洲，擺出再度南下的態勢。接著，日俄兩國在朝鮮半島的利害關係調整，終於面臨決裂，最終協商破局。此事件也決定了韓國的命運。

後記

西元一九〇四年二月十日，日俄戰爭爆發。

西元一九〇四年二月二十三日，《日韓議定書》簽訂。《日韓議定書》同意日軍徵用韓國國內的戰略要地。清朝的領土滿洲，則是日俄戰爭的戰場。日軍的目標是將朝鮮半島全部收為己有。

至此，朝鮮半島的國際地位，演變為由日韓兩國決定。雙方僅能透過勢力關係，為朝鮮的地位定調。韓國自主的命運，此時也大致底定。日俄戰爭由日本獲勝，決定了韓國的未來。

西元一九〇五年十月十六日，《樸資茅斯條約》[1]頒布。

1〔編註〕：由日本和俄國在美國總統西奧多·羅斯福的調停下，於一九〇五年九月五日在美國樸資茅斯海軍基地簽署的條約，結束了日俄戰爭。此條約的簽訂標誌著日俄對中國東北與朝鮮半島的重新瓜分。

西元一九〇五年十一月十七日，《乙巳條約》（《第二次日韓協約》）簽訂。《乙巳條約》明定韓國為日本的「保護國」。韓國名符其實失去自主權。對此，韓國的抵抗愈發激烈，日本的鎮壓力道也愈來愈強。日韓對立情勢險峻，也是併吞韓國的開端。

朝鮮或韓國的獨立自主，最長不過十年光景（即「勢力均衡」時期），最短也僅持續五年（即簽訂《清韓通商條約》至簽訂《乙巳條約》時期）。朝鮮半島整體的自主，自那時起，直到現在都未曾實現。上述的歷史事實儼然存在。韓國過去倡導主體思想，現在仍疾呼自主外交，亦與此事有相當的淵源。

西元十六世紀，由於白銀奔流，世界各地開始合而為一，本書即自此世紀的東亞情勢開始說起。因為以歷史的出發點看來，朝鮮半島此時的地緣政治相當重要。日本列島與遼東、滿洲地區崛起，使得朝鮮半島的重要性大幅上升。

如何一面維持政體，一面調整與穩定各國之間的權力關係？自西元十七世紀起，此事不僅是朝鮮半島的問題，也是維護東亞秩序與和平的歷史課題。

江戶時代的日朝「交鄰」關係與清韓「宗屬」關係並存，這是其中一個答案；西元十九世紀後葉的「屬國自主」，則是另一個答案。其中，清朝的角色不可或缺。綜觀歷史，只要清朝勢力仍舊存在，朝鮮就能保有一定程度的自主。

對此，筆者再度引用寇松在日清戰爭前夜的說法：

朝鮮本質上為弱國。然而，此事實際上卻是朝鮮獨一無二的優勢。朝鮮若擁有與其他國家結盟就能改變勢力平衡的強大力量，最後一定會遭到併吞。為謀求自身利益，唆使朝鮮獨立，實屬愚蠢，意即朝鮮親手簽下死亡證書。朝鮮之力量，與襁褓中的嬰兒無異。朝鮮僅能與日清俄三大鄰國保持一定距離，相互牽制，才可介於三國之間，免遭武力侵犯。然而，三國中一旦兩國開戰，三國保全朝鮮領土的承諾，亦立即煙消雲散，難以恢復。由國際保護朝鮮的權宜之計也曾提出。然而，俄國絕不可能多加保護朝鮮，僅是維持現狀，俄國已相當後悔。至於清朝則認為朝鮮為自身屬國，即便要求由國際保護，清朝也難以苟同。本人確信，朝鮮若想永續存在，必須與清朝維持關係。

寇松的理論，大多基於當時英國人的利害關係，現在看來則是虛情假意的帝國主義言語。他讚揚朝鮮與清朝的宗屬關係，否定朝鮮「獨立」，由此可看出他的立場。然而，關於「屬國自主」與其帶來的勢力均衡，寇松的說法則相當懇切。他甚至預料到未來的事態。

日清戰爭與日俄戰爭皆屬「兩國一旦開戰」，這兩場戰爭，果真使「保全朝鮮領土」以及「朝鮮國家永續存在」一事「煙消雲散」。一連串事情經過，也否定了清朝的存在。

導致此種狀況的事件，首先是日清戰爭，接著則是俄國佔領滿洲。清朝實力空虛，失去「相互牽制」的力量。如寇松在別處所述，朝鮮的「獨立」僅是「未來紛擾的源頭」，也是「幻想」。英國冷酷無情的外交手段，原本支持最有優勢的清朝，最終則轉向英日同盟。

站在朝鮮立場，最瞭解「獨立幻想」的人，非金弘集莫屬。所以他才會支持清朝的朝鮮政策，還和日本合力推動「甲午更張」。他的方針竟與英國的遠東政策不謀而合。這是因為他能夠冷靜判斷情勢，並擁有確切的信念。

英國的做法不過不失，但金弘集的任務卻以失敗收場。最後，他無法實現志向，放棄一切，自己落下生涯的布幕。可說是悲劇一場。

圍繞著朝鮮半島的權力關係，應如何調整與穩定？關於這項歷史課題，許多無名民眾與士兵，以及宰相與王妃，都被迫獻出鮮血。不僅如此，直到西元二十世紀初葉的日俄戰爭，或是到現今的東亞國際政治為止，此事依然不變。時代更替，國家興亡，兵力強弱也有變化，但問題的核心，卻沒有改變。

朝鮮半島依舊處在危機當中。我們在此見證，也對這項切身問題產生自覺，卻仍無法提出有效的解決方案。

因此，本書敘述的歷史，恐怕不是久遠以前的故事。歷史雖不能重來，但我們卻能探索過去的各種選項與可能，作為未來指引的參考。這項現代日本人也必須認真思考的問題，答案必定就在其中某處。

參考文獻

逐一列出撰寫本書時的參考文獻，對於寫書之人來說，是相當繁瑣、冗長的清單，對讀書的人來說，也非常單調無味。筆者只列出目前一般較容易被忽略，且以日文書寫之書籍名稱，並為每本書加上簡單描述。

筆者不斷重複參考的書籍，有以下四部學術書籍。

田保橋潔，《近代日鮮關係的研究》上下兩冊，朝鮮總督府中樞院，1940。

本書書名是已成為死語的「日鮮關係」，內容卻是西元十九世紀到日清開戰時，廣泛的遠東國際政治史。本書視野廣闊，敘述詳細，以現代眼光來看，內容仍相當新鮮，是本值得一再拜讀的不朽名作。本書引用原史料的漢文沒有訓點，必須相當熟練漢文訓讀，才能瞭解內容。若有索引會更好。

中村榮孝，《日鮮關係史的研究》上中下三冊，吉川弘文館，1965-1969。

這本書也是不朽大作。若想瞭解日本室町時代到江戶開府的東亞對外關係史，本書為必備文獻。別被書名的「日鮮關係」誤導，若能好好使用索引，本書會是史料與史實的寶庫。由於本書是研究論文的集結，因此內容不連貫，稍微難讀。閱讀史料時也容易產生疑問。

田代和生，《近世日朝通交貿易史的研究》，創文社，1981。

本書以對馬的貿易經濟為主，探討日朝關係，研究的年代剛好介於歷史學者田保橋與中村之間。本書絕大多數為精確的敘述與龐大的統計數據，是本蒐集與解析大量史料的好書。本書保有原來史料的特性，以研究中國經濟史的人來說，能做到這種程度，實在令人欽羨。

森山茂德，《近代日韓關係史研究——朝鮮殖民地化與國際關係》，東京大學出版會，1987。

本書詳細追溯自日清戰爭到併吞韓國時，日本與朝鮮／韓國的關係，分析外國動向，以及與其息息相關的朝鮮／韓國政府內部結構的動態，資料相當寶貴。不過，本書論述密度過高，不是很好閱讀。筆者認為史料的引用，以及作者提出的論證，頁數應分開較好，但若想瞭解國際關係脈絡下，朝鮮成為殖民地的過程，那絕不可錯過本書。

另外，雖然學術論文可能太過專業，但筆者認為也必須列出如下。岩井茂樹，〈十六、十七世紀的中國邊境社會〉，收入小野和子編，《明末清初的社會與文化》，京都大學人文科學研究所，1996。內容描述明末清初的長城線，以及遼東地區蓬勃的商業發展。日本人較難理解的俄國關係，可閱讀佐佐木揚，〈關於日清戰爭前之朝鮮的中俄關係——以西元一八八六年的中俄天津談判為中心〉，《佐賀大學教育學部研究論文集》第二八集第一號（I），1980；〈西元一八八〇年代的朝俄關係——以西元一八八五年的「第一次朝俄密約事件」為中心〉，《韓》第一〇六號，1987；石和靜，〈俄國的韓國中立化政策——關於威特的對滿洲政策〉，《斯拉夫研究》第四六號，1999。這些研究都很出色，可以學到很多。關於日俄戰爭前夕的日本外交，則可閱讀千葉功，〈多邊同盟與協商網的探索與挫折〉，收入《舊外交的形成——日本外交 一九〇〇至一九一九》，勁草書房，2008。

關於本書談及的時期，中國史與朝鮮史相關的一般書籍與概論書籍為數眾多，但最近並未看見較值得一讀的內容。近來出版的書籍中，一來作者筆力不足，二來則以政治考量為優先，史料的採用方式較為武斷，不足為信。

若要從中列出幾本足以參考的書籍，關於明清與朝鮮王朝的歷史概述，以此書為佳。岸本美緒、宮嶋博史，《世界的歷史 12 明清與李朝時代》，中央公論社，1998。另外，還有岸本美緒，《東亞的「近世」》，山川出版社，世界史劇本13，1998。上述岩井茂樹的論文，主要討論明朝邊境的局面，而本書則是描寫當時世界史的背景，兩者可對照閱讀。關於同一時期的日本、對馬與朝鮮，請見田代和生，《重新撰寫的國書——德川與朝鮮外交的舞臺內幕》，中公新書，1983；以及《倭館——鎖國時代的日本人町》，文春新書，2002。這是田代和生上述書籍的續篇，範圍擴及外交與交流，筆鋒詳細平實。至於朝鮮近代史，請先閱讀糟谷憲一，《朝鮮的近代》，山川出版社，世界史劇本43，

1996。本書撰寫方式與教科書類似，但基本史實都未遺漏，可說相當方便。

最後，還有筆者個人兩本著作。

岡本隆司，《屬國與自主之間——近代清韓關係與東亞的命運》，名古屋大學出版會，2004。

岡本隆司，《馬建忠的中國近代》，京都大學學術出版會，2007。

前者著重於西元一八八〇年代的清韓關係，以及清韓關係與日英美俄的關聯。後者則是馬建忠的評論性傳記，並收錄文章的譯註，本書也曾提及這號人物。壬午事變前後的事件尤為詳細。若想詳細瞭解本書未論及的史料與史實，請閱讀上述二書。

朝鮮王朝年表

（以日清韓關係為主）

一三九二年	太祖李成桂在開京即位
一三九三年	國號變更為朝鮮
一四〇一年	明朝正式冊封朝鮮國王
一四〇四年	與日本室町幕府建立往來
一四一九年	對馬島日本人入侵
一四三四年	平定女真部落，建立東北邊境四郡六鎮
一五一〇年	對馬島日本人入侵（三浦倭亂）
一五九二年	壬辰倭亂
一五九七年	丁酉倭亂

一六〇七年	與日本江戶幕府恢復往來
一六〇九年	簽訂《己酉條約》，日本派遣朝鮮通信使
一六一九年	薩爾滸之戰，明朝和朝鮮聯軍敗於後金軍
一六二七年	後金軍進攻朝鮮（丁卯戰爭）
一六三六年	清帝皇太極親征朝鮮（丙子戰爭）
一六三七年	仁祖向大清投降，朝鮮終止與明朝的冊封關係
一七八四年	基督教傳入朝鮮
一八〇一年	大規模鎮壓基督教
一八六三年	成立大院君政權
一八六六年	丙寅邪獄。舍門將軍號事件
一八七三年	大院君退位，閔氏干政
一八七五年	江華島事件
一八七六年	簽訂《江華條約》（《日朝修好條規》）
一八八二年	壬午事變。與日本簽訂《濟物浦條約》
一八八四年	甲申政變（激進開化派政變）失敗
一八九四年	東學黨之亂，日清戰爭爆發。日本主導「甲午更張」

一八九五年	日本暗殺閔妃（乙未事變）
一八九六年	日本與清朝簽訂《馬關條約》。俄館播遷事件。
一八九七年	高宗稱帝，終止與清朝的冊封關係，改國名朝鮮為大韓帝國
一八九九年	簽訂《清韓通商條約》
一九〇四年	簽訂《日韓議定書》、《第一次日韓協約》
一九〇五年	簽訂《乙巳條約》（《第二次日韓協約》）
一九〇七年	簽訂《丁未條約》（《第三次日韓協約》）
一九一〇年	簽訂《日韓合併條約》，大韓帝國滅亡，朝鮮成為日本殖民地

朝鮮的困境

在日清之間追求獨立自主的歷史

世界のなかの日清韓関係史——交隣と屬國、自主と獨立

作者、岡本隆司
譯者、陳彥含
總編輯、富察
責任編輯、許奕辰
企劃、蔡慧華
封面設計、莊謹銘

社長、郭重興
發行人兼出版總監、曾大福
出版／發行、八旗文化／遠足文化事業股份有限公司
二三一新北市新店區民權路一〇八－二號九樓
電話、（〇二）二二一八－一四一七
傳真、（〇二）二二一八－八〇五七
客服專線、〇八〇〇－二二一－〇二九
信箱、gusa0601@gmail.com
部落格、gusapublishing.blogspot.com
法律顧問、華洋國際專利商標事務所／蘇文生律師
印刷、成陽彩色印刷股份有限公司
出版、二〇一七年四月初版一刷
二〇一九年十一月初版二刷
定價、三二〇元

朝鮮的困境——在日清之間追求獨立自主的歷史
岡本隆司著；陳彥含譯.
－初版.－新北市：八旗文化，遠足文化，2017.4
面； 公分
譯自：世界のなかの日清韓関係史：
交隣と屬國、自主と獨立
ISBN 978-986-94231-8-2(平裝)
1.外交史 2.近代史 3.東亞
714.4 106001975